ZIMTSTERN UND ZITRONENKÜSSCHEN

ZIMT-STERN UND *Zitronenküsschen*

DAS HIMMLISCHE WEIHNACHTSBACKBUCH

Jan Thorbecke Verlag

VERLAGSGRUPPE PATMOS

PATMOS
ESCHBACH
GRÜNEWALD
THORBECKE
SCHWABEN

Die Verlagsgruppe
mit Sinn für das Leben

Hinweis: Wenn Sie einen Umluftofen besitzen, stellen Sie bitte die im Rezept angegebene Temperatur um ungefähr 20 °C niedriger ein. Generell ist jeder Ofen unterschiedlich, daher kann die Backzeit je nach Ofen variieren. Bitte behalten Sie Ihre selbst gebackenen Naschereien im Auge, damit sie gut gelingen, und passen Sie die Backzeit nach Bedarf an.

MIX
Papier aus verantwortungsvollen Quellen
FSC® C004592

Für die Schwabenverlag AG ist Nachhaltigkeit ein wichtiger Maßstab ihres Handelns. Wir achten daher auf den Einsatz umweltschonender Ressourcen und Materialien.

www.thorbecke.de

Gestaltung: Finken & Bumiller, Stuttgart
Druck: Firmengruppe APPL, Wemding
Hergestellt in Deutschland
ISBN 978-3-7995-1093-6

Inhalt

Weihnachtschnee

IHR KINDER, SPERRT DIE NÄSCHEN AUF,
ES RIECHT NACH WEIHNACHTSTORTEN;
KNECHT RUPRECHT STEHT AM HIMMELSHERD
UND BÄCKT DIE FEINSTEN SORTEN.

IHR KINDER, SPERRT DIE AUGEN AUF,
SONST NEHMT DEN OPERNGUCKER:
DIE GROßE HIMMELSBÜCHSE, SEHT,
TUT RUPRECHT GANZ VOLL ZUCKER.

ER STREUT – DIE KUCHEN SIND SCHON VOLL –
ER STREUT – NA, DAS WIRD MUNTER:
ER SCHÜTTELT DIE BÜCHSE UND STREUT UND STREUT
DEN GANZEN ZUCKER RUNTER.

IHR KINDER SPERRT DIE MÄULCHEN AUF,
SCHNELL! ZUCKER SCHNEIT ES HEUTE;
FANGT AUF, HOLT SCHÜSSELN – IHR GLAUBT ES NICHT?
– IHR SEID UNGLÄUBIGE LEUTE!

Paula Dehmel (1862–1918)

DER DUFT VON ZIMT
und Vanille

Bestimmte Aromen wie Vanille, Zimt, Orangen und Lebkuchen sind einfach untrennbar miteinander verbunden. In unserem Kopf entsteht die Erinnerung an Weihnachten mit der ganzen Familie – eine Zeit, in der alle zusammenkommen, um gemeinsam die schönsten Momente des Jahres zu verbringen. Geschenke werden sorgfältig ausgewählt und warten, wunderschön verpackt, auf ihre neuen Besitzer. Menschen, die das ganze Jahr über nur selten nach Hause kommen können, weil sie beispielsweise weit entfernt wohnen, versuchen nun ihr Möglichstes, zu ihrer Familie zu reisen, weil Weihnachten einfach das Fest der Familie ist – kein Wunder, geht es doch darum, eine besondere Geburt – also auch ein Familienfest – zu feiern. Das Haus oder die Wohnung sind wunderschön adventlich geschmückt – überall leuchten Kerzen mit mildem Schein und es duftet nach Tannennadeln. Wenn die Kinder noch jung sind, basteln Eltern und Kinder gemeinsam adventlich, beispielsweise schöne Dekorationen für das Zuhause oder Geschenke für die Großeltern wie den berühmten selbst gemachten Weihnachtsmann mit einem Rauschebart aus Watte oder Engelchen mit Goldhaar. Kurz vor Weihnachten wird dann der Weihnachtsbaum geschmückt. Hier gibt es in jeder Familie ganz eigene Traditionen: Manchmal schmücken ihn Eltern und Kinder gemeinsam, um die Vorfreude auf das Fest zu erhöhen. In anderen Familien dekorieren ihn die Eltern heimlich und erfreuen sich dann an den begeisterten „Ah"- und „Oh"-Rufen, wenn die Kinder den Baum zum ersten Mal sehen. Auch der Baumschmuck ist in jeder Familie Tradition und für viele fast schon Glaubenssache: ob mit oder ohne Lametta, immer denselben Kugeln oder jedes Jahr anderen, mit Strohsternen und Holzfiguren oder doch lieber mit essbarem Schmuck – hier scheiden sich die Geister. Aber egal welche Familienbräuche man hat – sie alle sind wunderschön und werden meist an Kinder und Enkel weitergegeben.

Doch das wahrscheinlich Schönste an Weihnachten sind die Düfte: Köstliche Gerüche durchströmen schon in der Adventszeit das Zuhause. Es riecht nach Kardamom und Vanille, nach Zimt, Nelken und Lebkuchen. Eindeutig: Hier werden köstliche Leckereien für die Advents- und Weihnachtszeit gebacken. Auch bei diesen hat jede Familie ihre Favoriten, die es einfach jedes Jahr geben muss: Die einen lieben Vanillekipferl, die anderen Kokosmakronen oder Lebkuchen und bei wieder anderen dürfen in keinem Fall Terrassen fehlen, denn sonst ist es einfach kein richtiges Weihnachtsfest! Über diese „Die-muss-es-einfach-geben-Plätzchen" hinaus gibt es Raum, auch mal etwas Neues auszuprobieren – Anregungen gibt es unzählige in diesem Buch.

Man kann beispielsweise die Klassiker etwas variieren und ihnen einen neuen Dreh geben: Wie wäre es also mal statt der normalen Vanillekipferl mit Vanillekipferln mit Orangen-Mohn-Zucker? Oder mit den würzigen Ingwer-Spitzbuben, die zwar aussehen wie die Klassiker, aber ein völlig neues Geschmackserlebnis bieten. Oder man probiert mal etwas ganz Neues, zum Beispiel köstliche Marzipan-Kirsch-Rauten oder die süß-sauren Lemon-Curd-Herzen. Darüber hinaus gibt es vielleicht Klassiker, die sich zwar jedes Jahr auf dem Plätzchenteller finden, die man aber noch nie selbst gemacht hat wie Stollen und Dominosteine. Dabei ist es gar nicht schwer und sorgt bei der Familie sicher für Begeisterung, weil

Selbstgemachtes einfach immer am besten schmeckt! Und darüber hinaus sind selbst gebackene Plätzchen auch ein wunderbares Geschenk für die vielen Menschen, denen man in der Weihnachtszeit etwas zurückgeben möchte: etwa der lieben Nachbarin, die sich immer so gut um die Pflanzen kümmert, wenn man im Urlaub ist, dem freundlichen Postboten oder dem alten Mann, der einen jeden Tag nett von seinem Fenster aus grüßt – Gelegenheiten für Freundlichkeit gibt es viele und selbst gebackene Köstlichkeiten sind in mehrfacher Hinsicht ein Geschenk: weil sie zeigen, dass man an jemanden gedacht hat, weil sie lecker schmecken und weil uns ihr Duft an unsere Kindheit erinnert, in der wir uns geborgen fühlen durften. Und das Beste: Wenn wir wollen, kann schon das Backen der Leckereien ein gemeinsames Erlebnis werden, denn Eltern und Kinder, Freundinnen, Paare oder Geschwister können gemeinsam loslegen und die Freude am Tun und die Vorfreude auf den himmlischen Genuss teilen.

Mit den vielen köstlichen Rezepten in diesem Buch sind Sie für jeden weihnachtlichen Nasch-Bedarf gewappnet – ob köstliche Plätzchen und Kekse für den Weihnachtsteller, wunderschön verzierte Lebkuchen zum Verschenken, Mini-Kuchen oder Cupcakes für den Adventstee mit Freundinnen oder einen himmlisch leckeren Kuchen für das Weihnachtsfest.

Fröhliches Backen und Genießen!

Weihnachtliche PLÄTZCHEN, RIEGEL, COOKIES UND KEKSE

Feine NOUGAT-TERRASSEN in Sternform

Für ca. 30 Stück

Zubereitungszeit: 45 Minuten
Kühlzeit: 30 Minuten
Backzeit: 12 Minuten
Schwierigkeitsgrad: mittel

Zutaten

300 g Mehl + etwas für die Arbeitsfläche
100 g Zucker
1 EL Vanillezucker
1 Msp. unbehandelter Orangenabrieb
1 Ei
200 g kalte Butter
ca. 150 g Nussnougat
Puderzucker zum Bestäuben

Außerdem

Terrassenausstecher in Sternform

1 // Das Mehl zusammen mit dem Zucker, dem Vanillezucker und dem Orangenabrieb auf der Arbeitsfläche häufeln, eine Mulde hineindrücken, das Ei hineingeben und die Butter in Flöckchen rundherum verteilen. Alles mit einem Messer oder einer Teigkarte zu Bröseln durchhacken. Die Brösel mit den Händen rasch zu einem geschmeidigen Teig verkneten und in Frischhaltefolie gewickelt für ca. 30 Minuten in den Kühlschrank stellen.

2 // Den Ofen auf 220 °C Ober-/Unterhitze vorheizen. Ein Backblech mit Backpapier auslegen. Anschließend den Teig auf bemehlter Arbeitsfläche ca. 3 mm dünn ausrollen. Mit sternförmigen Terrassen-Ausstecherformen Plätzchen in drei Größen und gleicher Anzahl ausstechen, auf das Backblech legen und im Ofen 10–12 Minuten lichtgelb backen. Die Plätzchen noch heiß mit einer Palette auf ein Kuchengitter setzen und auskühlen lassen.

3 // Das Nussnougat erwärmen, die einzelnen Sterne mit je einem Klecks Nougat dazwischen der Größe nach zu Terrassen zusammensetzen. Mit Puderzucker bestäuben und fest werden lassen.

Schokoladige BÄRENTATZEN

Für ca. 40 Stück

Zubereitungszeit: 45 Minuten
Backzeit: 10 Minuten
Schwierigkeitsgrad: leicht

Zutaten
250 g Mehl
100 g Zucker
3 EL Kakao
200 g gemahlene Haselnüsse
1 Ei
1 TL Zimt
½ TL gemahlene Nelken
250 g Butter
geschmolzene Butter für das Backblech
250 g Zartbitterkuvertüre

Außerdem
1 Backblech für Bärentatzen

1 // Den Ofen auf 220 °C Ober-/Unterhitze vorheizen. Das Mehl mit dem Zucker, dem Kakao und den Haselnüssen auf der Arbeitsfläche häufeln. In der Mitte eine Mulde formen und das Ei hineinschlagen. Den Zimt und die Nelken dazugeben. Auf dem Mehlrand die Butter in Stücken verteilen. Mit einem Messer oder einer Teigkarte zu Bröseln hacken, anschließend mit den Händen rasch zu einem geschmeidigen Teig verkneten, der nicht mehr an den Händen klebt. Ist der Teig zu trocken, noch ein wenig kaltes Wasser ergänzen.

2 // Die Mulden des Bärentatzenbackblechs leicht ausbuttern, eine dünne Teigschicht in die Förmchen drücken, diese auf einen Rost setzen und im vorgeheizten Backofen ca. 10 Minuten goldbraun und knusprig backen. Herausnehmen, etwas abkühlen lassen, dann aus den Förmchen nehmen und auf einem Kuchengitter auskühlen lassen.

3 // Die Kuvertüre hacken und über einem heißen Wasserbad schmelzen lassen. Wieder etwas abkühlen lassen und das untere Ende der Tatzen in die Schokolade tauchen. Auf Backpapier legen und trocknen lassen.

Orangen-STÄBCHEN

Für ca. 30 Stück

Zubereitungszeit: 40 Minuten
Kühlzeit: 1 Stunde
Backzeit: 30 Minuten
Schwierigkeitsgrad: leicht

Zutaten
400 g Mehl
250 g brauner Zucker
2 Prisen Salz
2–3 TL unbehandelter Orangenabrieb
300 g Butter

Guss
200 g Puderzucker
2–3 EL Orangensaft
3–4 EL Orangenzucker

1 // Das Mehl mit dem Zucker, dem Salz und dem Orangenabrieb in einer Rührschüssel mischen. Die Butter mit einem Messer oder einer Teigkarte unterhacken, alles zu einem glatten Teig kneten, in Folie wickeln und ca. 1 Stunde in den Kühlschrank legen.

2 // Den Backofen auf 180 °C Ober-/Unterhitze vorheizen. Ein Backblech mit Backpapier auslegen. Den Teig gleichmäßig ca. 1,5 cm dick zu einem Rechteck ausrollen und auf das Blech legen. In 20–30 Minuten goldgelb backen. Auf einem Kuchengitter abkühlen lassen.

3 // Für den Guss den Puderzucker mit dem Orangensaft zu einem zähen Guss rühren. Auf den Teig streichen und antrocknen lassen. Mit dem Orangenzucker bestreuen. Dann mit einem scharfen Messer in Streifen von ca. 1,5 × 7 cm schneiden. Komplett trocknen lassen und servieren.

Rum-Kokos-
WÜRFEL

Für ca. 50 Stück

Zubereitungszeit: 1 Stunde
Backzeit: 25 Minuten
Schwierigkeitsgrad: leicht

Zutaten
400 g Zartbitterschokolade
150 g Butter
3 EL Mehl
100 g gemahlene Mandeln
3 Eier
100 g brauner Zucker
2 EL Vanillezucker
2 EL Rum
1 Prise Kardamom
1 Prise gemahlene Nelken
1 Prise Koriander
1 Prise Salz
150 g Kokosraspel

Außerdem
1 Backform (ca. 24 × 24 cm)

1 // Den Backofen auf 180 °C Ober-/Unterhitze vorheizen. Eine Backform (ca. 24 × 24 cm) mit Backpapier auslegen.

2 // 150 g Schokolade mit der Butter über einem heißen Wasserbad schmelzen. Das Mehl mit den Mandeln sowie 50 g grob gehackter Schokolade mischen. Die Eier mit dem Zucker, dem Vanillezucker, dem Rum und den Gewürzen verrühren. Zuerst die Schoko-Butter-Mischung, dann die Mehlmischung unterrühren.

3 // Den Teig in die Form gießen und im vorgeheizten Ofen ca. 25 Minuten backen. Anschließend aus dem Ofen nehmen, in der Form erkalten lassen und schließlich in kleine Würfel von 3 cm Länge schneiden. Die übrige Schokolade nochmals über einem heißen Wasserbad schmelzen und die Würfel gleichmäßig damit überziehen. Rundherum in Kokosraspeln wälzen.

Vanille-KIPFERL

Für ca. 60 Stück

Zubereitungszeit: 50 Minuten
Kühlzeit: 1 Stunde
Backzeit: 12 Minuten
Schwierigkeitsgrad: leicht

Zutaten
2 Vanilleschoten
280 g Mehl + etwas für die Arbeitsfläche
100 g gemahlene geschälte Mandeln
100 g feiner Zucker
225 g kalte Butter
Puderzucker zum Bestäuben

1 // Die Vanilleschoten längs halbieren und das Mark herausschaben. Das Mehl mit den Mandeln, dem Vanillemark und dem Zucker in einer Schüssel mischen und die Butter in Flöckchen dazugeben. Mit den Händen alle Zutaten krümelig kneten. Den Teig zwischen den Handflächen reiben, bis kleine Streusel entstehen. Dann alles rasch zu einem glatten Teig verkneten und zu einer Kugel formen. In Frischhaltefolie gewickelt für 1 Stunde in den Kühlschrank stellen.

2 // Den Teig in vier Portionen teilen und auf einer bemehlten Arbeitsfläche zu Rollen (2–3 cm Durchmesser) formen.

3 // Den Backofen auf 180 °C Ober-/Unterhitze vorheizen. Zwei Backbleche mit Backpapier belegen.

4 // Die Rollen in ca. 1 cm dicke Scheiben schneiden und zu fingerdicken Nudeln rollen, dabei die Enden jeweils etwas schmaler auslaufen lassen. Aus den Teignudeln kleine Kipferl biegen. Diese auf die vorbereiteten Bleche legen und im Ofen ca. 12 Minuten goldbraun backen. Die Kipferl mit dem Papier vom Blech ziehen und noch warm im Puderzucker wälzen. Auf einem Kuchengitter auskühlen lassen.

Vanillekipferl MIT ORANGEN-Mohn-Zucker

Für ca. 75 Stück

Zubereitungszeit: 50 Minuten
Kühl- und Ruhezeit: 12 Stunden
Backzeit: 12 Minuten
Schwierigkeitsgrad: mittel

Zucker
1 unbehandelte Orange
100 g Zucker
1 TL Mohn

Plätzchen
1 Vanilleschote
300 g Mehl + etwas für die Arbeitsfläche
100 g gemahlene Mandeln
75 g Zucker
1 Prise Salz
200 g kalte Butter

1 // Die Orange heiß waschen, trocken reiben und die Schale abreiben. Mit dem Zucker vermischen und über Nacht trocknen lassen. Anschließend zusammen mit dem Mohn kurz im Blitzhacker zerkleinern.

2 // Für die Plätzchen die Vanilleschote längs halbieren und das Mark herausschaben. Das Mehl mit den Mandeln, dem Zucker, dem Salz, der Butter in Flöckchen und dem Vanillemark auf der Arbeitsfläche rasch zu einem glatten Teig verkneten. Den Teig in 4 Portionen teilen und auf bemehlter Arbeitsfläche zu Rollen (2–3 cm Durchmesser) formen. In Frischhaltefolie wickeln und ca. 1 Stunde kalt stellen.

3 // Den Ofen auf 180 °C Ober-/Unterhitze vorheizen. Die Rollen in ca. 1 cm dicke Scheiben schneiden. Daraus Kipferl formen und ein mit Backpapier belegtes Backblech legen. Im Ofen ca. 12 Minuten backen. Mit dem Papier vom Blech ziehen und noch warm im Orangen-Mohn-Zucker wenden. Auf einem Kuchengitter auskühlen lassen.

Koriandertaler
MIT MANDELN

Für ca. 40 Stück

Zubereitungszeit: 40 Minuten
Kühlzeit: 1 Stunde
Backzeit: 15 Minuten
Schwierigkeitsgrad: mittel

Zutaten
1 TL Koriandersamen
½ TL Kardamomsamen
2 Gewürznelken
75 g Zartbitterkuvertüre
75 g Mehl
75 g gemahlene Haselnüsse
75 g weiche Butter
75 g Zucker
1 Ei
ca. 120 g Kakaosplitter

1 // Den Koriander, den Kardamom und die Nelken in einer heißen Pfanne leicht duftend rösten. Auskühlen lassen und in der Gewürzmühle fein mahlen. Die Kuvertüre fein reiben und mit dem Mehl und den Haselnüssen vermischen.

2 // Die Butter mit dem Zucker und der Gewürzmischung cremig schlagen. Das Ei zugeben und unterschlagen. Die Mehlmischung zugeben und alles zu einem glatten Teig verkneten. Abgedeckt ca. 1 Stunde kalt stellen.

3 // Den Ofen auf 160 °C Ober-/Unterhitze vorheizen.

4 // Vom Teig mit einem Teelöffel kleine Portionen abnehmen, zu Kugeln formen, leicht flach drücken und mit der Oberseite in den Kakaosplittern wälzen. Mit etwas Abstand auf ein mit Backpapier belegtes Backblech (Kakaoseite nach oben) legen und im Ofen ca. 15 Minuten backen. Aus dem Ofen nehmen, das Papier vom Blech ziehen und auskühlen lassen.

Pekannuss-
SHORTBREAD

Für 1 Tarteform mit ca. 24 cm Durchmesser bzw. für 14–16 Stücke

Zubereitungszeit: 30 Minuten
Kühlzeit: 20 Minuten
Backzeit: 1 Stunde
Schwierigkeitsgrad: leicht

Zutaten
100 g Pekannüsse
250 g Mehl
85 g Puderzucker
1 TL Salz
225 g Butter + etwas für die Form
Puderzucker zum Bestäuben

1 // Die Pekannüsse in einer Pfanne ohne Fett rösten. Auskühlen lassen und fein hacken. Mit dem Mehl, dem Puderzucker und dem Salz vermengen. Die Butter cremig schlagen und nach und nach die Mehl-Nussmischung unterkneten.

2 // Den Ofen auf 150 °C Ober-/Unterhitze vorheizen. Eine Tarteform (am besten mit herausnehmbarem Boden) ausbuttern. Den Teig in die Form geben und gleichmäßig flach drücken. Mit Frischhaltefolie abgedeckt ca. 20 Minuten kalt stellen.

3 // Den Teig mit einem Messer in 14–16 Stücke teilen. Im Abstand von etwa 0,5 cm mit einem Holzstäbchen einstechen und im Ofen auf mittlerer Schiene etwa 1 Stunde goldbraun backen.

4 // Die Backform auf ein Kuchengitter stellen und die Kuchenstücke nachschneiden. Anschließend auskühlen lassen, mit Puderzucker bestäuben und aus der Form lösen.

Silber-
MUSCHELN

Für ca. 40 Stück

Zubereitungszeit: 30 Minuten
Backzeit: 5 Minuten
Schwierigkeitsgrad: leicht

Zutaten
150 g Mehl
10 g Speisestärke
1 TL Backpulver
100 g weiche Butter
50 g feiner Zucker
1 EL Vanillezucker
1 Prise Salz
silberne Zuckerperlen

Außerdem
Muschelformen

1 // Den Backofen auf 180 °C Ober-/Unterhitze vorheizen. Ein Backblech mit Backpapier auslegen. Das Mehl mit der Stärke und dem Backpulver mischen. Die Butter mit dem Zucker, dem Vanillezucker und dem Salz mit dem Rührgerät verquirlen. Die Hälfte des Mehls unterrühren, dann das übrige Mehl mit den Händen unterkneten.

2 // Den Teig zu einer Rolle von ca. 4 cm Durchmesser formen und in ca. ½ cm dicke Scheiben schneiden. In kleine Muschelformen drücken, herausnehmen und auf das Blech legen. Je eine Perle in die Mitte setzen und im Ofen ca. 5 Minuten lichtgelb backen. Danach vom Blech nehmen und auf einem Kuchengitter auskühlen lassen.

Mürbeteig-
SPITZEN

Für ca. 25 Stück

Zubereitungszeit: 30 Minuten
Kühlzeit: 30 Minuten
Backzeit: 12 Minuten
Schwierigkeitsgrad: leicht

Zutaten
250 g Mehl + etwas für die Arbeitsfläche
½ TL Backpulver
1 Prise Salz
100 g Butter
150 g Zucker
2 EL Vanillezucker
1 Ei

Außerdem
runde Ausstecher mit gewelltem Rand
kleine Ausstecher für die Ornamente

1 // Das Mehl mit dem Backpulver und dem Salz vermischen. Die Butter mit dem Zucker und dem Vanillezucker schaumig schlagen. Das Ei unterrühren und nach und nach die Mehlmischung unterkneten, bis ein geschmeidiger Teig entsteht. In Frischhaltefolie gewickelt ca. 30 Minuten kalt stellen.

2 // Den Ofen auf 160 °C Ober-/Unterhitze vorheizen. Den Teig halbieren und jeweils auf bemehlter Arbeitsfläche 2–3 mm dünn ausrollen. Mit gewellten Ausstechformen runde Plätzchen ausstechen. Mit kleinen Ausstechern symmetrische Muster ausstechen, so dass die Plätzchen wie Spitzenornamente wirken. Kleine Löcher ggf. mit einer Nadel einstechen. Auf ein mit Backpapier belegtes Backblech legen. Im Ofen 10–12 Minuten goldgelb backen. Vorsichtig vom Blech nehmen und auf einem Kuchengitter auskühlen lassen.

Gebackene SCHOKOLADEN-Marzipan-Pralinen

Für ca. 25 Stück

Zubereitungszeit: 1 Stunde
Kühl- und Ruhezeit: 1 Stunde 15 Minuten
Backzeit: 12 Minuten
Schwierigkeitsgrad: mittel

Zutaten
1 Ei
200 g Marzipanrohmasse
100 g Zucker
150 g kalte Butter
70 g Puderzucker
1 TL Vanillezucker
2 EL Kakao
1 TL Zimt
½ TL gemahlene Nelken
½ TL gemahlener Ingwer
1 cl Rum

Außerdem
150 g Zartbitterschokolade
1 TL Butter

1 // Ein Backblech mit Backpapier belegen. Das Ei trennen und das Eigelb kalt stellen. Die Marzipanrohmasse fein reiben und mit dem Zucker und dem Eiweiß vermengen. Mit dem Handrührgerät (Knethaken) zu einem glatten Teig verrühren. Evtl. noch mit den Händen gut durchkneten, bis die Masse zusammenhält. Dann zu einer Rolle von ca. 2,5 cm Durchmesser formen und in ca. 25 Stücke schneiden. Diese zu Kugeln formen, leicht flach drücken und auf das Blech legen. Etwa 30 Minuten trocknen lassen.

2 // Den Backofen auf 175 °C Ober-/Unterhitze vorheizen. Die Marzipanmasse etwa 10–12 Minuten backen, bis sie leicht braun wird. Herausnehmen und auf einem Kuchengitter vollständig auskühlen lassen.

3 // Für die dunkle Teigschicht die Butter in kleine Stückchen schneiden und in eine Schüssel geben. Den Puderzucker, den Vanillezucker, den Kakao, den Zimt, die Nelken und den Ingwer dazugeben und alles mit dem Handrührgerät verquirlen. Den Rum und das Eigelb ergänzen und unterquirlen, so dass ein weicher Teig entsteht. Diesen für ca. 15 Minuten in den Kühlschrank stellen.

4 // Anschließend gleichmäßig auf die Marzipanböden verteilen und kleine Kuppeln formen, so dass die Pralinen eine schöne Form bekommen. Für 30 Minuten in den Tiefkühler stellen.

5 // Die Schokolade grob hacken und mit der Butter über dem heißen Wasserbad schmelzen lassen. Die Pralinen einzeln eintauchen (am besten mit einer Pralinengabel) und auf einem Backpapier trocknen lassen.

Mürbe MARZIPAN-Kirsch-Rauten

Für ca. 35 Stück

Zubereitungszeit: 50 Minuten
Kühlzeit: 1 Stunde
Backzeit: 30 Minuten
Schwierigkeitsgrad: mittel

Zutaten
200 g Mehl + etwas für die Arbeitsfläche
150 g kalte Butter
1 Eigelb
75 g Zucker
1 Prise Salz
100 g Marzipanrohmasse
2 EL Puderzucker
120 g Kirschkonfitüre

Guss
120 g Puderzucker
2–3 TL Zitronensaft

1 // Für den Teig das Mehl auf die Arbeitsfläche häufeln, in der Mitte eine Mulde formen, die Butter in Stücken und das Eigelb hineingeben. Auf den Mehlrand den Zucker und das Salz streuen und alles rasch zu einem glatten Mürbeteig verkneten. In Frischhaltefolie gewickelt ca. 30 Minuten kalt stellen.

2 // Dann den Teig auf bemehlter Arbeitsfläche (am besten ein Holzbrett o.Ä.) zu einem ca. 3 mm dünnen Rechteck auswellen und halbieren. Das Marzipan mit dem Puderzucker verkneten und in der Größe einer Teighälfte auswellen. Dünn mit Konfitüre bestreichen. Die übrige Konfitüre auf einer Teighälfte glatt streichen, das Marzipan darauflegen und mit der zweiten Teighälfte bedecken. Glatt streichen und dabei leicht andrücken. Abgedeckt erneut 30 Minuten kalt stellen.

3 // Den Ofen auf 180 °C Ober-/Unterhitze vorheizen. Den geschichteten Teig auf ein mit Backpapier belegtes Backblech legen und im Ofen ca. 30 Minuten lichtgelb backen. Aus dem Ofen nehmen, leicht abkühlen lassen und noch warm in Rauten schneiden. Vom Blech nehmen und auskühlen lassen.

4 // Zum Verzieren den Puderzucker mit dem Zitronensaft zu einem Guss anrühren und diesen in feinen Linien über die Rauten träufeln. Trocknen lassen.

Nussriegel MIT KANDIERTEN Früchten

Für ca. 21 Stück

Zubereitungszeit: 15 Minuten
Backzeit: 20 Minuten
Schwierigkeitsgrad: leicht

Zutaten
100 g Mandelkerne
100 g Haselnusskerne
40 g Pistazienkerne
40 g Kürbiskerne
150 g getrocknete Früchte, z.B. Cranberrys, Aprikosen, Feigen
2 Eiweiß
1 EL Zitronensaft
120 g Puderzucker

Außerdem
1 kleines Backblech (ca. 22 × 22 cm)

1 // Den Ofen auf 200 °C Ober-/Unterhitze vorheizen. Ein kleines Backblech (ca. 22 × 22 cm) mit Backpapier auslegen.

2 // Die Nüsse und Kerne grob hacken. Die Früchte in kleine Stücke hacken und unter die Nussmischung mengen.

3 // Die Eiweiße mit dem Zitronensaft und dem Puderzucker cremig schlagen, die Nussmischung gründlich untermengen und die Masse in die Form füllen. Glatt streichen und im Ofen ca. 20 Minuten goldbraun backen. Aus dem Ofen nehmen, kurz abkühlen lassen, in Riegel schneiden und vollständig auskühlen lassen.

Lemon-Curd-
HERZEN

Für ca. 35 Stück

Zubereitungszeit: 35 Minuten
Kühlzeit: 30 Minuten
Backzeit: 20 Minuten
Schwierigkeitsgrad: leicht

Zutaten
200 g Mehl + etwas für die Arbeitsfläche
100 g gemahlene Mandeln
100 g Zucker
Mark von ½ Vanilleschote
1 Prise Salz
1 Ei
200 g Butter
130 g Lemon-Curd aus dem Glas
3 EL Puderzucker zum Bestäuben

Außerdem
Herzausstecher in verschiedenen Größen

1 // Das Mehl mit den Mandeln, dem Zucker, dem Vanillemark und dem Salz mischen, auf eine Arbeitsplatte häufeln, in die Mitte eine Mulde drücken und das Ei hineinschlagen. Die Butter in Flöckchen um die Mulde herum verteilen, das Ganze mit den Händen rasch zu einem glatten Teig verkneten, zu einer Kugel formen und in Frischhaltefolie gewickelt für 30 Minuten in den Kühlschrank legen.

2 // Den Backofen auf 180 °C Ober-/Unterhitze vorheizen. Den Teig auf einer bemehlten Arbeitsfläche 3 mm dünn ausrollen und Herzen ausstechen. Aus der Hälfte der Herzen mittig ein kleines Herz ausstechen. Die Rohlinge auf ein mit Backpapier belegtes Backblech legen und im vorgeheizten Ofen ca. 10 Minuten backen. Herausnehmen und auf einem Kuchengitter auskühlen lassen.

3 // Etwas Lemon-Curd auf die Herzen ohne Loch verstreichen und je ein passendes Gegenstück daraufsetzen. Mit Puderzucker bestäubt servieren. Wer mag, kann mit mittelgroßen Herzausstechern noch Abdrücke in den Puderzucker machen.

Anisplätzchen MIT ROSINEN

Für ca. 40–50 Stück

Zubereitungszeit: 30 Minuten
Kühlzeit: 30 Minuten
Backzeit: 10 Minuten
Schwierigkeitsgrad: leicht

Zutaten
50 g Rosinen
250 g Mehl + etwas für die Arbeitsfläche
75 g Puderzucker
1 Prise Salz
1 TL gemahlene Anissamen
1 Prise Zimt
150 g kalte Butter

Außerdem
evtl. Sternanis zum Dekorieren
Blütenausstecher

1 // Für den Teig die Rosinen hacken. Das Mehl mit dem Puderzucker, dem Salz, dem Anis und dem Zimt vermischen. Die Butter mit der Teigkarte unterhacken. Die Rosinen zugeben und alles rasch zu einem homogenen Teig verarbeiten. Den Teig etwa 30 Minuten in den Kühlschrank stellen.

2 // Den Backofen auf 200 °C Ober-/Unterhitze vorheizen. Ein Backblech mit Backpapier auslegen.

3 // Den Teig auf einer bemehlten Arbeitsfläche ausrollen und mit Ausstechern Plätzchen ausstechen, z.B. Blüten. Diese auf das Backblech legen. Im Ofen 10–12 Minuten lichtgelb backen. Danach die Plätzchen sofort auf ein Kuchengitter geben und abkühlen lassen. Nach Belieben mit Sternanis dekoriert servieren.

Weiße
BUSSERL

Für ca. 20 Stück

Zubereitungszeit: 50 Minuten
Kühl- und Trockenzeit: mindestens 2 Stunden
Backzeit: 15 Minuten
Schwierigkeitsgrad: schwer

Macarons
150 g Puderzucker
120 g gemahlene Mandeln
3 Eiweiß
1 Prise Salz
55 g Zucker

Füllung
3 Eiweiß
225 g Zucker
225 g Butter, Zimmertemperatur

1 // Den Ofen auf 195 °C Ober-/Unterhitze vorheizen. Ein Backblech mit Backpapier auslegen.

2 // Den Puderzucker mit den Mandeln gut vermengen. Die Eiweiße mit dem Salz schaumig schlagen. Den Zucker zufügen und die Masse steif (weiß-glänzend) schlagen. Die Masse in einen Spritzbeutel mit großer runder Tülle füllen. Auf das Backblech gleichmäßige Baisertupfen mit ca. 1,5–2 cm Durchmesser aufspritzen. Etwa 15 Minuten antrocknen lassen und anschließend im Ofen ca. 15 Minuten außen knusprig backen. Mit dem Blech auf einem Kuchengitter auskühlen lassen. Anschließend vorsichtig vom Backpapier lösen.

3 // Für die Füllung die Eiweiße mit dem Zucker über einem heißem Wasserbad rühren, bis sich der Zucker gelöst hat (nicht zu heiß werden lassen). Anschließend von der Hitze nehmen und steif und glänzend schlagen. Nach und nach die Butter in Stücken zugeben und unterrühren. Alles zu einer feinen Creme verrühren.

4 // In einen Spritzbeutel füllen und die Hälfte der Macarons auf der flachen Unterseite mit der Füllung bespritzen. Anschließend mit den restlichen Plätzchen zusammensetzen. Etwa 1 Stunde kalt stellen.

MACARONS
mit Eiskristallen

Für ca. 25 Stück

Zubereitungszeit: 50 Minuten
Trocken- und Backzeit: 1 Stunde 15 Minuten
Schwierigkeitsgrad: schwer

Teig
100 g geschälte Mandeln
120 g Puderzucker
2 Eiweiß
1 TL Zitronensaft
2 EL Zucker
Lebensmittelfarbe in Gelb, Braun, Lila und Rosa

Füllung
150 g weiße Kuvertüre
3 EL Sahne
30 g Butter
Lebensmittelfarbe in Rot und Braun

Garnitur
100 g Puderzucker
15 g Eiweiß
einige Tropfen Zitronensaft

1 // Ein Backblech mit Backpapier auslegen. Die Mandeln im Mixer mit dem Puderzucker sehr fein mahlen und anschließend durch ein feines Sieb geben. Gröbere Rückstände im Sieb erneut vermahlen. Die Eiweiße mit dem Zitronensaft steif schlagen. Den Zucker zugeben und weiterschlagen, bis eine schnittfeste, glänzende Masse entstanden ist. Dann die Mandelmischung unterziehen, die Masse aufteilen und mit der Lebensmittelfarbe nach Belieben bunt färben.

2 // Die Masse in einen Spritzbeutel mit großer Lochtülle füllen. Auf das Backblech mit Abstand gleichmäßige Baisertupfen (ca. 2 cm Durchmesser) aufspritzen. Etwa 1 Stunde antrocknen lassen.

3 // Den Ofen auf 160 °C Ober-/Unterhitze vorheizen. Die Macarons im Ofen 10–15 Minuten backen. Vorsichtig mit dem Papier vom Blech ziehen und auskühlen lassen.

4 // Für die Cremefüllung die Kuvertüre in Stücke hacken und über einem heißen Wasserbad unter Rühren schmelzen. Die Sahne und die Butter in kleinen Stücken mit dem Schneebesen unterrühren. Abkühlen lassen und cremig rühren. Ebenfalls mit Lebensmittelfarbe nach Belieben einfärben. In einen Spritzbeutel mit Lochtülle füllen und auf die Unterseite der Hälfte der Macarons spritzen. Mit einem zweiten Plätzchen zusammensetzen und leicht andrücken.

5 // Zum Verzieren den Puderzucker mit dem Eiweiß verrühren. So viel Zitronensaft einrühren, dass eine dickflüssige Glasur entsteht. Die Glasur in ein Spritztütchen füllen und Eiskristalle auf die Macarons spritzen. Gut trocknen lassen.

Schokoladen-Macarons
MIT KARDAMOM
und Kaffee

Für ca. 30 Stück

Zubereitungszeit: 30 Minuten
Ruhe- und Backzeit: 120 Minuten
Schwierigkeitsgrad: schwer

Creme
100 ml Sahne
4 Kardamomkapseln
1 EL Kaffeebohnen
100 g Zartbitterkuvertüre
50 g weiche Butter
1 EL Orangenlikör

Macarons
60 g gemahlene geschälte Mandeln
100 g Puderzucker
2 Eiweiß
20 g Zucker
2 EL Kakaopulver

1 // Die Sahne mit dem angedrückten Kardamom und den Kaffeebohnen erhitzen. Von der Hitze nehmen und ca. 15 Minuten ziehen lassen. Die Kuvertüre hacken und in eine Schüssel geben. Die Sahne nochmals erhitzen und durch ein feines Sieb über die Schokolade gießen. Unter Rühren schmelzen lassen, dann abkühlen lassen. Hat die Masse in etwa dieselbe Temperatur wie die Butter, diese zugeben und mit dem Likör cremig unterschlagen. Kalt stellen.

2 // Den Ofen auf 150 °C Ober-/Unterhitze vorheizen.

3 // Für die Macarons die Mandeln mit dem Puderzucker fein mahlen und durch ein feines Sieb auf ein Backblech sieben. Im Ofen 5–8 Minuten backen und anschließend auskühlen lassen.

4 // Die Eiweiße steif schlagen, dann den Zucker einrieseln lassen. Das Kakaopulver unterrühren. Die Mandelmischung daraufgeben und unterheben. In einen Spritzbeutel füllen und etwa 30 Tupfer auf ein mit Backpapier belegtes Backblech aufspritzen. Etwa 1 Stunde leicht antrocknen lassen. Anschließend im Ofen (wieder bei 150 °C) 10–12 Minuten backen. Vorsichtig vom Blech nehmen und auskühlen lassen.

5 // Die Schokocreme rechtzeitig aus dem Kühlschrank nehmen und erneut cremig schlagen. In einen Spritzbeutel mit glatter Tülle füllen und auf die Unterseite der Hälfte der Macarons spritzen. Ein zweites Plätzchen leicht darauf drücken.

Vanille-
SPRITZGEBÄCK

Für ca. 40 Stück

Zubereitungszeit: 50 Minuten
Backzeit: 15 Minuten
Schwierigkeitsgrad: leicht

Zutaten
1 Vanilleschote
150 g Butter
120 g Zucker
1 Ei
1 Eigelb
140 g Mehl
100 g gemahlene geschälte Mandeln
50 g Speisestärke
4–5 EL Puderzucker
silberne Zuckerperlen zum Garnieren

1 // Den Backofen auf 180 °C Ober-/Unterhitze vorheizen sowie zwei Backbleche mit Backpapier belegen.

2 // Die Vanilleschote der Länge nach aufschneiden und das Mark herauskratzen. Die Butter und den Zucker mit dem Handrührgerät schaumig schlagen. Das Ei, das Eigelb und das Vanillemark unterrühren. Das Mehl mit den Mandeln und der Stärke mischen und nach und nach unter die Butter-Ei-Mischung einarbeiten.

3 // Den Teig in einen Spritzbeutel mit Sterntülle füllen und in S-Form auf die Backbleche spritzen. Im vorgeheizten Ofen ca. 15 Minuten goldgelb backen. Danach auf dem Blech auskühlen lassen.

4 // Zum Servieren den Puderzucker mit einem Tropfen Wasser zu einem zähen Guss rühren. Die Zuckerperlen mit dem Guss auf die Plätzchen setzen und fest werden lassen.

Walnuss-
KRINGEL

WALNUSSKRINGEL
mit Himbeeren

Für ca. 45 Stück

Zubereitungszeit: 40 Minuten
Backzeit: 15 Minuten
Schwierigkeitsgrad: leicht

Zutaten
300 g Butter
230 g Zucker
2 EL Vanillezucker
1 Ei
2 Eigelb
¼ TL unbehandelter Zitronenabrieb
400 g Mehl
150 g gemahlene Walnüsse
100 g Speisestärke
200 g Zartbitterkuvertüre
10 g Kokosfett
2–3 EL getrocknete Himbeeren

1 // Den Backofen auf 180 °C Ober-/Unterhitze vorheizen. Zwei Backbleche mit Backpapier belegen.

2 // Die Butter mit dem Zucker und dem Vanillezucker mit dem Handrührgerät schaumig schlagen. Das Ei, die Eigelbe und den Zitronenabrieb unterrühren. Das Mehl mit den Nüssen und der Stärke mischen und nach und nach unter die Butter-Ei-Mischung arbeiten.

3 // Den Teig in einen Spritzbeutel mit Sterntülle füllen und Kringel auf die Backbleche spritzen. Im vorgeheizten Ofen ca. 15 Minuten goldgelb backen. Mit dem Papier vom Blech ziehen und auf einem Gitter auskühlen lassen.

4 // Die Kuvertüre zusammen mit dem Kokosfett im heißen Wasserbad schmelzen. Die Kringel zur Hälfte in die Schokolade tauchen und die Himbeeren darüberbröckeln.

Terrassen-PLÄTZCHEN

Für ca. 15 Stück

Zubereitungszeit: 1 Stunde
Kühlzeit: 1 Stunde
Backzeit: 10 Minuten
Schwierigkeitsgrad: mittel

Zutaten
300 g Mehl + etwas für die Arbeitsfläche
1 Prise Salz
120 g Zucker
200 g kalte Butter
1 Ei
150 g rotes Johannisbeergelee

Außerdem
Terrassenausstecher

1 // Das Mehl auf die Arbeitsfläche häufeln, mit Salz und Zucker mischen und in die Mitte des Mehls eine Mulde drücken. Die kalte Butter in kleine Stücke schneiden, um die Mulde herum verteilen, das Ei in die Mitte geben und sämtliche Zutaten mit dem Messer oder einer Teigkarte gut durchhacken, so dass kleine Teigkrümel entstehen. Mit den Händen rasch zu einem Teig verkneten, zu einer Kugel formen, in Frischhaltefolie wickeln und mindestens 1 Stunde kühl stellen.

2 // Den Backofen auf 180 °C Ober-/Unterhitze vorheizen. Den Teig halbieren, ein Stück auf einer bemehlten Arbeitsfläche flach drücken und ca. 4 mm dünn ausrollen. Den übrigen Teig in den Kühlschrank legen, damit er nicht zu weich wird. Mit gewellten Plätzchenausstechern in unterschiedlicher Größe jeweils die gleiche Anzahl Plätzchen aus dem Teig ausstechen. Die Plätzchen auf ein mit Backpapier belegtes Backblech legen und im Ofen 8–10 Minuten hellgelb backen. Auf diese Weise den ganzen Teig zu Plätzchen verarbeiten. Die fertigen Plätzchen 2–3 Minuten abkühlen lassen.

3 // Die Marmelade erwärmen und damit die noch heißen Plätzchen großer und mittlerer Größe mit etwas Marmelade bestreichen, aufeinander setzen und je ein kleines Plätzchen oben aufsetzen. Einen Tupfen Marmelade darauf tropfen und die Plätzchen erkalten lassen.

to:
from:

Spitzbuben
MIT PUDERZUCKER

Für ca. 50 Stück

Zubereitungszeit: 1 Stunde
Kühlzeit: 1 Stunde
Backzeit: 10 Minuten
Schwierigkeitsgrad: leicht

Zutaten
400 g Mehl + etwas für die Arbeitsfläche
200 g Zucker
2 Eier
1 Prise Salz
100 g gemahlene Haselnüsse
240 g kalte Butter
150 g Johannisbeergelee
Puderzucker zum Bestäuben

Außerdem
kleine Kreis- oder Sternausstecher
runder Ausstecher mit Wellenrand

1 // Für den Teig das Mehl auf eine Arbeitsfläche sieben und in die Mitte des Mehls eine Mulde drücken. Den Zucker einstreuen. Die Eier, das Salz und die Nüsse in die Mulde geben. Die Butter in Stückchen schneiden und um die Mulde verteilen. Alle Zutaten mit einem großen Messer oder einer Teigkarte kräftig durchhacken und anschließend mit den Händen rasch zu einem glatten Teig verkneten. Den Teig in Frischhaltefolie gewickelt etwa 1 Stunde im Kühlschrank ruhen lassen.

2 // Den Backofen auf 200 °C Ober-/Unterhitze vorheizen. Backbleche mit Backpapier auslegen. Den Teig portionsweise auf einer bemehlten Arbeitsfläche etwa 3 mm dick ausrollen und mit einem runden Plätzchenausstecher mit Wellenrand Plätzchen ausstechen. Aus der Hälfte der Plätzchen in der Mitte nach Belieben kleine Kreise oder Sterne ausstechen. Ganze und gelochte Plätzchen wegen einer möglichen unterschiedlichen Backzeit jeweils getrennt auf Backbleche legen und im vorgeheizten Backofen 8–10 Minuten backen, herausnehmen und auskühlen lassen.

3 // Das Johannisbeergelee erwärmen und die Plätzchen ohne Loch damit bestreichen. Je ein ganzes und ein gelochtes Plätzchen zusammensetzen, leicht andrücken und trocknen lassen. Anschließend die Spitzbuben mit dem Puderzucker bestäuben.

Würzige
INGWER-SPITZBUBEN

Für ca. 35 Stück

Zubereitungszeit: 40 Minuten
Kühlzeit: 30 Minuten
Backzeit: 12 Minuten
Schwierigkeitsgrad: mittel

Zutaten
ca. 300 g Mehl
100 g Zucker
2 EL Vanillezucker
1 EL frisch geriebener Ingwer
100 g gemahlene geschälte Mandeln
250 g Butter
2 Eier
ca. 150 g Ingwergelee
2 TL Rum
Puderzucker zum Bestäuben

Außerdem
Kreisausstecher und kleine Motivausstecher

1 // Das Mehl mit dem Zucker, dem Vanillezucker, dem Ingwer und den Mandeln auf die Arbeitsfläche häufeln. In der Mitte eine Mulde formen und die Butter in kleinen Stücken zusammen mit den Eiern unterhacken (am besten mit einem Messer oder einer Teigkarte). Rasch zu einem glatten Teig verkneten. Nach Bedarf etwas Mehl oder kaltes Wasser ergänzen. In Frischhaltefolie wickeln und ca. 30 Minuten im Kühlschrank ruhen lassen.

2 // Den Backofen auf 180 °C Ober-/Unterhitze vorheizen. Ein Backblech mit Backpapier auslegen. Dann den Teig portionsweise ca. 3 mm dünn ausrollen und Kreise (Durchmesser ca. 3–3,5 cm) ausstechen. Bei der Hälfte aus der Mitte Motive nach Belieben (z.B. Sterne, Herzen, Buchstaben) ausstechen und alle Plätzchen auf das Blech legen. Im Ofen 10–12 Minuten lichtgelb backen. Anschließend vorsichtig vom Blech nehmen und auf einem Kuchengitter kurz abkühlen lassen.

3 // Das Gelee mit dem Rum verrühren. Jeweils die Plätzchen ohne Loch auf der Unterseite damit bestreichen. Die übrigen Plätzchen daraufsetzen, leicht andrücken und vollständig auskühlen lassen. Mit Puderzucker bestäuben.

Husarenkrapfen
MIT PUDERZUCKER

Für ca. 40 Stück

Zubereitungszeit: 30 Minuten
Kühlzeit: 30 Minuten
Backzeit: 12 Minuten
Schwierigkeitsgrad: leicht

Zutaten
250 g weiche Butter
125 g Zucker
10 g Vanillezucker
1 EL abgeriebene Zitronenschale
4 Eigelb
375 g Mehl
100 g Johannisbeerkonfitüre
2 EL Puderzucker

1 // Die Butter mit dem Zucker, dem Vanillezucker, der Zitronenschale und den Eigelben schaumig rühren. Das Mehl darübersieben und alles rasch zu einem Teig verkneten. Den Teig zu einer Kugel geformt und in Frischhaltefolie gewickelt etwa 30 Minuten im Kühlschrank ruhen lassen.

2 // Den Backofen auf 180 °C Ober-/Unterhitze vorheizen. Vom Teig walnussgroße Stücke abstechen und zu Kugeln formen. Die Plätzchen auf ein mit Backpapier belegtes Backblech setzen. Mit einem Holzlöffelstiel Vertiefungen in die Teigkugeln drücken und diese mit Johannisbeerkonfitüre füllen.

3 // Die Husarenkrapfen im Backofen 10–12 Minuten hell backen, abkühlen lassen und mit dem Puderzucker bestäuben.

Zimt-
STERNE

Für ca. 40 Stück

Zubereitungszeit: 40 Minuten
Kühlzeit: 1 Stunde
Backzeit: 15 Minuten
Schwierigkeitsgrad: mittel

Zutaten
3 Eiweiß
1 TL Zitronensaft
300 g Puderzucker + etwas für die Arbeitsfläche
400 g gemahlene Mandeln (bei Bedarf etwas mehr)
1 TL Zimt
1 cl Kirschwasser

Außerdem
Sternausstecher

1 // Die Eiweiße mit dem Zitronensaft steif schlagen. Den Puderzucker nach und nach einrieseln lassen und weiterschlagen, bis die Masse glänzt und Spitzen zieht. 1 Tasse Eischneemasse für die Glasur beiseite stellen.

2 // Die Mandeln, den Zimt und das Kirschwasser unter die Eischneemasse geben, alles zügig verkneten. Der Teig sollte nicht zu fest, aber ausrollbar sein. Den Teig zugedeckt ca. 1 Stunde in den Kühlschrank stellen.

3 // Den Backofen auf 150 °C Ober-/Unterhitze vorheizen. Backbleche mit Backpapier auslegen. Den Teig auf gezuckerter Arbeitsfläche ca. 1 cm dick ausrollen, Sterne ausstechen und diese nebeneinander auf das Blech legen. Die Sterne gleichmäßig mit der beiseite gestellten Eiweiß-Glasur bepinseln und im vorgeheizten Backofen 10–15 Minuten backen. Die Sterne sollen innen noch etwas weich sein und die Oberfläche soll möglichst weiß bleiben. Auf einem Kuchengitter auskühlen lassen.

Gefüllte Plätzchen MIT ÄPFELN, NÜSSEN und Karamell

Für ca. 30 Stück

Zubereitungszeit: 40 Minuten
Gar- und Backzeit: 35 Minuten
Schwierigkeitsgrad: schwer

Teig
ca. 375 g Mehl + etwas für die Arbeitsfläche
1 TL Backpulver
120 g gemahlene geschälte Mandeln
200 g Zucker
1 Prise Salz
Mark von ½ Vanilleschote
250 g Butter
1 Ei

Füllung
6–8 Karamellbonbons
4 EL Sahne
4 EL Apfelmus
50 g gemahlene Haselnusskerne
Puderzucker zum Bestäuben

Außerdem
runde Ausstecher

1 // Für den Teig das Mehl mit dem Backpulver und den Mandeln auf der Arbeitsfläche häufeln und in der Mitte eine Mulde formen. Den Zucker, das Salz und das Vanillemark hineingeben. Die Butter in Stücken darauf verteilen, das Ei hineingeben und von der Mitte aus zu einem geschmeidigen Teig verkneten, der nicht mehr an den Händen klebt. In Frischhaltefolie gewickelt ca. 30 Minuten kalt stellen.

2 // Für die Füllung die Karamellbonbons klein schneiden und in einem Topf zusammen mit der Sahne unter Rühren schmelzen lassen. Das Apfelmus und die Haselnüsse einrühren und die entstandene Plätzchenfüllung abkühlen lassen.

3 // Den Ofen auf 200 °C Ober-/Unterhitze vorheizen. Den Teig auf bemehlter Arbeitsfläche 3–4 mm dünn ausrollen und mit einem runden Ausstecher Plätzchen ausstechen. Aus einem Viertel der Plätzchen in der Mitte kleine Sterne ausstechen. Aus den Teigresten weitere Plätzchen auf dieselbe Weise ausstechen. Die Füllung in der Mitte der Hälfte der Plätzchen verteilen und die restlichen Plätzchen sowie die Plätzchen mit den ausgestochenen Sternen auflegen.

4 // Auf einem Backblech mit Backpapier ca. 20 Minuten leicht gebräunt backen. Abkühlen lassen und mit Puderzucker bestreut servieren.

Sternenkekse
MIT ZUCKERGUSS

Für ca. 30 Stück

Zubereitungszeit: 40 Minuten
Kühlzeit: 1 Stunde
Backzeit: 10 Minuten
Schwierigkeitsgrad: leicht

Zutaten
ca. 250 g Mehl + etwas für die Arbeitsfläche
125 g Puderzucker
Mark von ½ Vanilleschote
1 Ei
2–3 TL Zitronensaft
150 g kalte Butter
1 Eiweiß
ca. 100 g Puderzucker

Außerdem
Sternausstecher

1 // Das Mehl mit dem Puderzucker und dem Vanillemark auf die Arbeitsfläche häufeln. Das Ei und den Zitronensaft in die Mitte, die klein geschnittene Butter rundherum verteilen. Alles mit einem Messer oder einer Teigkarte durchhacken, dann mit den Händen rasch zu einem festen Teig verkneten. Nach Bedarf noch Flüssigkeit oder Mehl ergänzen. In Frischhaltefolie wickeln und mindestens 1 Stunde kaltstellen.

2 // Den Backofen auf 200 °C Ober-/Unterhitze vorheizen. Ein Backblech mit Backpapier belegen. Den Teig auf bemehlter Arbeitsfläche 3–4 mm dünn ausrollen. Beliebig große Sterne ausstechen und auf das Backblech legen. Zum Aufhängen nach Belieben je ein 2–3 mm großes Loch in die Sterne bohren. Im Backofen ca. 10 Minuten ohne Bräunung backen. Vorsichtig auf ein Kuchengitter umsetzen und auskühlen lassen.

3 // Das Eiweiß mit so viel Puderzucker verrühren, dass ein spitzfähiger Guss entsteht, und damit Muster oder Ornamente auf die Kekse spritzen. Den Guss antrocknen lassen.

Gebackene ZUCKERSTANGEN

Für ca. 25 Stück

Zubereitungszeit: 45 Minuten
Kühlzeit: 1 Stunde
Backzeit: 30 Minuten
Schwierigkeitsgrad: mittel

Heller Teig

200 g weiche Butter
200 g Zucker
2 TL Vanillezucker
1 Prise Salz
2 Eier
2 EL Rum
400 g Mehl

Dunkler Teig

2 EL Kakao
1 EL Zucker
1 EL Rum nach Bedarf

Zum Bestreichen

1–2 Eiweiß

1 // Für den Teig die Butter cremig rühren. Nach und nach den Zucker, den Vanillezucker, das Salz, die Eier und den Rum unterrühren. Das Mehl dazugeben und alles rasch zu einem glatten Teig verkneten.

2 // Den Teig halbieren und in eine Hälfte den mit dem Zucker vermischten Kakao einarbeiten. Nach Bedarf noch Rum dazugeben. Die Teige zu Kugeln formen und, in Frischhaltefolie verpackt, ca. 1 Stunden kühlen.

3 // Den Backofen auf 180 °C Ober-/Unterhitze vorheizen. Die Teige portionsweise zu gleich langen Schlangen von ca. 15 cm rollen und je eine helle mit einer dunklen Schlange miteinander, ähnlich wie Zuckerstangen, eindrehen. An den Oberseiten je einen kleinen Bogen formen. Auf einem Backblech mit Backpapier mit den verquirlten Eiweißen bestreichen und 15–20 Minuten ohne Bräunung backen.

4 // Vollständig auskühlen lassen und dann, nach Belieben, zu einem Café Latte oder einer heißen Schokolade servieren.

NUSS-Tannenbäume

Für ca. 40 Stück

Zubereitungszeit: 50 Minuten
Kühlzeit: 30 Minuten
Backzeit: 12 Minuten
Schwierigkeitsgrad: leicht

Zutaten
200 g Mehl
75 g brauner Zucker
1 EL Vanillezucker
1 Prise Salz
75 g gemahlene Mandeln, geschält
175 g Butter
1 Ei

Garnitur
50 g Haselnussblättchen
brauner Zucker
100 g Puderzucker
1–2 TL Zitronensaft
30 g Pinienkerne

Außerdem
Tannenbaumausstecher

1 // Das Mehl mit dem braunen Zucker, dem Vanillezucker, dem Salz und den Mandeln auf die Arbeitsfläche häufeln. In der Mitte eine Mulde formen und die Butter in kleinen Stücken zusammen mit dem Ei unterhacken (am besten mit einem Messer oder einer Teigkarte). Rasch zu einem glatten Teig verkneten. Nach Bedarf etwas Mehl oder kaltes Wasser ergänzen. In Frischhaltefolie wickeln und ca. 30 Minuten im Kühlschrank ruhen lassen.

2 // Den Backofen auf 175 °C Ober-/Unterhitze vorheizen. Ein Backblech mit Backpapier auslegen.

3 // Dann den Teig portionsweise 2–3 mm dünn ausrollen und Tannenbäume in verschiedenen Größen ausstechen. Auf das Blech legen und einige mit den Haselnussblättchen bestreuen. Im Ofen 10–12 Minuten goldbraun backen. Vorsichtig vom Blech nehmen, einige noch warm in braunem Zucker wenden und alle auf einem Kuchengitter auskühlen lassen.

4 // Zum weiteren Verzieren den Puderzucker mit dem Zitronensaft zu einem dickflüssigen Guss anrühren. Ein paar Bäume mit dem Guss bestreichen und mit den Pinienkernen belegen.

ERDNUSSHERZEN
mit Johannisbeergelee

Für ca. 25 Stück

Zubereitungszeit: 1 Stunde 15 Minuten
Kühlzeit: 1 Stunde
Backzeit pro Blech: 10 Minuten
Schwierigkeitsgrad: mittel

Zutaten
60 g ungesalzene Erdnusskerne
275 g Mehl + etwas für die Arbeitsfläche
100 g feiner brauner Zucker
1 EL Vanillezucker
1 Prise Salz
180 g Butter
1 Eigelb

Garnitur
2 Eigelb
2 EL Sahne
3 EL ungesalzene Erdnusskerne
ca. 130 g Johannisbeergelee

Außerdem
Herzausstecher in verschiedenen Größen

1 // Die Nüsse fein mahlen und mit dem Mehl, dem Zucker, dem Vanillezucker und dem Salz mischen. Die Butter in kleine Würfel schneiden und mit dem Eigelb zur Mehlmischung geben. Mit einer Teigkarte oder einem Messer zu Krümeln hacken und anschließend mit den Händen zu einem glatten Teig verkneten. Zur Kugel formen, in Folie wickeln und ca. 1 Stunde in den Kühlschrank legen.

2 // Anschließend den Teig in 3–4 Portionen teilen und je auf bemehlter Fläche ca. 4 mm dünn ausrollen (den übrigen Teig immer im Kühlschrank aufbewahren). Aus dem Teig Herzen ausstechen und in die Hälfte der Plätzchen jeweils ein Mini-Herzchen stechen. Die Plätzchen auf Backbleche mit Backpapier legen.

3 // Den Backofen auf 175 °C Ober-/Unterhitze vorheizen.

4 // Die Eigelbe mit der Sahne verquirlen und die Plätzchen einstreichen. Die Erdnüsse grob hacken und auf die Plätzchen mit Loch streuen. Alle Plätzchen im Ofen 8–10 Minuten backen. Die Herzen ohne Loch noch warm mit Gelee bestreichen und die Loch-Herzen auflegen. Auskühlen lassen.

Pekannuss-
KEKSE

Für ca. 40 Stück

Zubereitungszeit: 1 Stunde
Kühlzeit: mindestens 1 Stunde
Backzeit pro Blech: 10 Minuten
Schwierigkeitsgrad: leicht

Zutaten
100 g Pekannusskerne + 40 Pekannusshälften
300 g Mehl + etwas für die Arbeitsfläche
1 Prise Salz
300 g Butter
170 g Zucker
2 EL Vanillezucker
1 Eigelb
½ TL unbehandelter Orangenabrieb
60 g Honig
1 Ei
3–4 EL brauner Zucker

Außerdem
Rautenausstecher

1 // Die Pekannusskerne fein hacken. Das Mehl mit den Nüssen und einer Prise Salz mischen. Die Butter, den Zucker und den Vanillezucker schaumig rühren. Das Eigelb, den Orangenabrieb sowie den Honig unterrühren. Dann die Mehlmischung zugeben und alles zu einem glatten Teig verkneten. In Folie gewickelt mindestens 1 Stunde in den Kühlschrank legen.

2 // Den Backofen auf 180 °C Ober-/Unterhitze vorheizen.

3 // Den Teig auf bemehlter Arbeitsfläche ca. 5 mm dünn ausrollen. Kleine Rauten (ca. 5 cm) mit gewelltem Rand ausstechen und auf ein mit Backpapier belegtes Blech legen. Mit verquirltem Ei bepinseln, mit je einer Pekanusshälfte belegen sowie mit dem braunen Zucker bestreuen. Im Ofen ca. 10 Minuten backen.

Schoko-
BUSSERL

Für ca. 45 Stück

Zubereitungszeit: 45 Minuten
Backzeit: 25 Minuten
Schwierigkeitsgrad: leicht

Zutaten
3 Eiweiße
250 g Puderzucker
1 Prise Zimt
100 g Vollmilch- oder Zartbitterschokolade
100 g gehackte Mandeln
2 EL Puderzucker
1 TL Kakaopulver

1 // Den Backofen auf 140 °C Ober-/Unterhitze vorheizen und ein Backblech mit Backpapier belegen.

2 // Die Eiweiße, den gesiebten Puderzucker sowie den Zimt in eine Metallschüssel geben und in einem warmem Wasserbad aufschlagen, bis die Masse dick und cremig ist. Dann vom Herd nehmen. Die Schokolade klein hacken und zusammen mit den Mandeln unter die Eimasse heben.

3 // Mit Hilfe von zwei kleinen Löffeln Portionen abnehmen und auf das Blech setzen. Dabei zwischen den Plätzchen etwas Platz lassen. Im Ofen (zweite Schiene von unten) ca. 25 Minuten backen. Danach herausnehmen und auskühlen lassen.

4 // Den Puderzucker und den Kakao mischen und die Plätzchen damit bestäuben.

Nuss-
BAISER

Für ca. 40 Stück

Zubereitungszeit: 45 Minuten
Backzeit: 25 Minuten
Schwierigkeitsgrad: mittel

Zutaten
75 g geschälte Haselnusskerne
3 Eiweiß
1 TL Zitronensaft
Mark von 1 Vanilleschote
ca. 150 g Puderzucker
75 g Haselnussblättchen
150 g Zartbitterkuvertüre

1 // Den Backofen auf 170 °C Ober-/Unterhitze vorheizen.

2 // Die Haselnusskerne im Blitzhacker fein mahlen. Die Eiweiße mit dem Zitronensaft und dem Vanillemark steif schlagen. Nach und nach den Puderzucker einrieseln lassen. Weiterschlagen, bis die Masse glänzt und Spitzen zieht.

3 // Die gemahlenen Nüsse unterziehen und die Masse in einen Spritzbeutel mit glatter Tülle füllen. Mit etwas Abstand zueinander Tupfer (ca. 2 cm Durchmesser) auf ein mit Backpapier belegtes Backblech setzen. Mit den Haselnussblättchen bestreuen und im vorgeheizten Ofen ca. 25 Minuten backen. Herausnehmen und auf dem Blech auskühlen lassen.

4 // Die Schokolade hacken, über einem heißen Wasserbad schmelzen und wieder etwas abkühlen lassen. Die Füßchen der Baisertupfer in die Schokolade tauchen und abgetropft auf einem Backpapier trocknen lassen.

Cappuccino-SCHOKOKEKSE

Für ca. 35 Stück

Zubereitungszeit: 1 Stunde 30 Minuten
Kühlzeit: 1 Stunde 45 Minuten
Backzeit: 10 Minuten
Schwierigkeitsgrad: mittel

Teig
125 g weiche Butter
75 g Puderzucker
1 EL Vanillezucker
150 g Mehl
50 g gemahlene Mandeln
1 EL Espressopulver
1 Prise Salz

Füllung und Garnitur
150 g Espressobohnen
150 ml Sahne
200 g Vollmilchschokolade
100 g Bitterschokolade

Außerdem
Ausstecher, z.B. Monde, Kreise

1 // Die Butter mit dem Handrührgerät cremig schlagen. Den Puderzucker dazusieben, den Vanillezucker ergänzen und 1–2 Minuten gut verrühren. Das Mehl mit den Mandeln, dem Espresso und dem Salz mischen und unter den Teig rühren. Mit den Händen glatt verkneten und in Folie gehüllt ca. 30 Minuten in den Kühlschrank legen.

2 // Anschließend den Teig zwischen zwei Lagen Frischhaltefolie portionsweise dünn ausrollen und nochmals ca. 30 Minuten in den Kühlschrank legen.

3 // Den Backofen auf 175 °C Ober-/Unterhitze vorheizen und ein Backblech mit Backpapier auslegen.

4 // Den Teig wieder herausnehmen und Plätzchen (z. B. Monde und Kreise) ausstechen. Auf das Backblech legen und im Ofen 8–10 Minuten backen. Vom Blech nehmen und auf einem Kuchengitter erkalten lassen.

5 // Die Espressobohnen in der Sahne aufkochen lassen. Vom Herd nehmen und 5–10 Minuten ziehen lassen, dann durch ein Sieb in eine weitere Schüssel gießen. Die Vollmilchschokolade klein brechen und in der heißen Sahne auflösen. Die Masse in den Kühlschrank stellen, bis sie spritzfähig ist.

6 // Die Creme in einen Spritzbeutel mit kleiner Tülle füllen und die Hälfte der Plätzchen mit der Creme bespritzen. Die übrigen Plätzchen auflegen und leicht andrücken. Etwa 15 Minuten in den Kühlschrank stellen.

7 // Die Bitterschokolade klein brechen und über einem heißen Wasserbad schmelzen lassen. Wieder etwas abkühlen lassen, in einen Spritzbeutel mit kleiner Tülle füllen und die Plätzchen z.B. mit Sternchen und Punkten verzieren.

Zitronen-WÜRFEL

Für ca. 60 Stück

Zubereitungszeit: 1 Stunde 20 Minuten
Kühlzeit: 1 Stunde 15 Minuten
Backzeit: 25 Minuten
Schwierigkeitsgrad: mittel

Zutaten
250–275 g Mehl
1 ½ TL Backpulver
125–150 g weiche Butter
40 g Puderzucker
1 TL Vanillezucker
½ Msp. Salz
1 Ei
60 g Zitronenmarmelade
175 g Marzipanrohmasse

Garnitur
80 g Puderzucker
1 TL unbehandelter Zitronenabrieb
3–4 EL Zitronensaft
Zitronen-Geleescheiben, nach Belieben

1 // Das Mehl mit dem Backpulver vermischen. Die Butter in einer Schüssel mit dem Handrührgerät cremig schlagen. Den Puderzucker, den Vanillezucker und das Salz unterquirlen. Das Ei unterrühren. Die Mehlmischung dazugeben und nur kurz unterrühren. Mit den Händen zur Kugel formen und in Folie gewickelt ca. 1 Stunde in den Kühlschrank legen.

2 // Ein Backblech (ca. 20 × 30 cm) mit Backpapier belegen. Den Teig halbieren, eine Hälfte zurück in den Kühlschrank legen, die zweite auf das Backblech geben, mit einem zweiten Bogen Backpapier bedecken und dünn in Blechgröße ausrollen. Das obere Papier wieder abziehen und den Teig mit einer Gabel mehrmals einstechen. Die Marmelade glatt rühren und auf den Teig streichen. Das Marzipan raspeln und darüberstreuen. Die zweite Teighälfte zwischen zwei Lagen Backpapier auf die gleiche Größe ausrollen. Nochmals ca. 15 Minuten in den Kühlschrank legen.

3 // Den Backofen auf 175 °C Ober-/Unterhitze vorheizen. Das obere Backpapier der Teigplatte abziehen und den Teig mithilfe des zweiten Papiers auf das Marzipan legen. Das Papier abziehen und den Teig vorsichtig gleichmäßig andrücken. In den Ofen schieben und ca. 25 Minuten goldbraun backen.

4 // Währenddessen den Puderzucker mit dem Zitronenabrieb vermischen und mit dem Zitronensaft zu einem glatten Guss rühren.

5 // Den fertigen Kuchen aus dem Ofen nehmen und sofort mit dem Guss bestreichen. Nach Belieben mit Geleescheiben belegen. Den Guss fest werden lassen, aus dem Blech lösen und in kleine Würfel (ca. 3 × 3 cm) schneiden.

Orangeat
W

ZITRONEN-küsschen

Für ca. 30 Stück

Zubereitungszeit: 45 Minuten
Kühlzeit: 20 Minuten
Backzeit: 8 Minuten
Schwierigkeitsgrad: leicht

Teig
180 g weiche Butter
30 g Puderzucker
2 EL Vanillezucker
150 g Mehl
20 g Speisestärke

Füllung
60 g weiche Butter
125 g Puderzucker + etwas zum Bestäuben
Abrieb und Saft von ½ unbehandelten Zitrone

1 // Den Backofen auf 180 °C Ober-/Unterhitze vorheizen. Zwei Backbleche mit Backpapier belegen. Die weiche Butter mit dem Puderzucker und dem Vanillezucker schaumig schlagen. Das Mehl mit der Speisestärke mischen, darübersieben und unterheben. Anschließend in einen Spritzbeutel mit Sterntülle füllen und ca. 60 Tupfen à ca. 2,5 cm Durchmesser mit etwas Abstand zueinander auf die Backbleche spritzen. Die Bleche in den Ofen schieben und ca. 8 Minuten backen. Auskühlen lassen.

2 // Für die Füllung die weiche Butter, den Puderzucker und den Zitronensaft sowie den -abrieb schaumig rühren. In einen Spritzbeutel mit gezackter Tülle füllen und die Creme jeweils auf die Hälfte der Teigtupfen spritzen. Je ein Gegenstück aufsetzen und ca. 20 Minuten kalt stellen. Mit Puderzucker bestäubt servieren.

Erdnuss-Cookies MIT APRIKOSEN UND Zweierlei Schokolade

Für ca. 20 Stück

Zubereitungszeit: 20 Minuten
Backzeit: 15 Minuten
Schwierigkeitsgrad: leicht

Zutaten
250 g Mehl
10–12 getrocknete Aprikosen
60 g ungesalzene geschälte Erdnüsse
50 g Zartbitterschokolade
50 g weiße Schokolade
100 g Butter
125 g Zucker
1 Prise Salz
1 Ei
1 EL Erdnusscreme (Brotaufstrich)
150 g Mehl + etwas zum Arbeiten
1 TL Backpulver

1 // Den Backofen auf 200 °C Ober-/Unterhitze vorheizen. Ein Backblech mit Backpapier auslegen. Die Aprikosen klein schneiden, die Erdnüsse grob hacken. Beide Sorten Schokolade ebenfalls grob hacken.

2 // Die Butter mit dem Zucker und dem Salz cremig rühren, dann das Ei und die Erdnusscreme unterrühren. Das Mehl mit dem Backpulver mischen und unterrühren, die Aprikosen, die Erdnüsse und die Schokolade unterheben.

3 // Mit einem immer wieder in Mehl getauchten Esslöffel Portionen vom Teig abnehmen, dabei runde Häufchen formen. Mit Abstand zueinander auf das Blech legen, da der Teig etwas auseinander läuft. Die Cookies ca. 15 Minuten backen. Vom Blech nehmen und auskühlen lassen.

MOHNMONDE
mit Puderzucker

Für ca. 25 Stück

Zubereitungszeit: 35 Minuten
Kühlzeit: 30 Minuten
Backzeit: 15 Minuten
Schwierigkeitsgrad: mittel

Zutaten
300 g Mehl + etwas für die Arbeitsfläche
100 g Puderzucker
1 Prise Salz
2 TL Vanillezucker
1 Ei
200 g kalte Butter
ca. 200 g Mohnback
Puderzucker zum Bestäuben

Außerdem
1 Blütenausstecher

1 // Das Mehl mit dem Puderzucker, dem Salz und dem Vanillezucker auf der Arbeitsfläche häufeln, in die Mitte eine Mulde drücken, das Ei hineingeben und die Butter in Flöckchen rundherum um die Mulde verteilen. Alles mit einem großen Messer oder einer Teigkarte zu Bröseln durchhacken. Die Brösel mit den Händen rasch zusammenkneten und den Teig in Folie gewickelt für ca. 30 Minuten in den Kühlschrank stellen.

2 // Den Backofen auf 180 °C Ober-/Unterhitze vorheizen und zwei Backbleche einfetten oder mit Backpapier versehen. Den Teig auf bemehlter Arbeitsfläche erst etwas flach drücken, dann 3–4 mm dünn ausrollen und mit einer entsprechenden Ausstechform zu runden Blumen (ca. 6 cm) ausstechen.

3 // Das Mohnback teelöffelweise in der Mitte jeder Blume verteilen und den Teig über die Füllung zu Halbmonden einklappen. Auf dem Backblech verteilen und im Ofen ca. 15 Minuten leicht gebräunt backen. Abkühlen lassen und zum Servieren mit Puderzucker bestäuben.

BAISERS
mit Himbeersauce

Für ca. 25 Stück

Zubereitungszeit: 25 Minuten
Backzeit: 1 Stunde
Schwierigkeitsgrad: mittel

Zutaten
2 Eiweiß
1 TL Zitronensaft
120 g Puderzucker
100 g Himbeeren, TK
2 EL Granatapfelsirup

1 // Den Backofen auf 120 °C Ober-/Unterhitze vorheizen.

2 // Die Eiweiße mit dem Zitronensaft steif schlagen und den Puderzucker nach und nach einrieseln lassen. Die Creme schlagen, bis sie glänzt. Mit einem Teelöffel kleine Portionen abnehmen und auf ein mit Backpapier belegtes Backblech setzen. Im vorgeheizten Backofen mit einem in der Tür eingeklemmten Kochlöffelstiel ca. 1 Stunde backen, bis die Baiserplätzchen knusprig sind, dabei aber möglichst hell bleiben. Herausnehmen und auskühlen lassen.

3 // Für die Sauce die Himbeeren mit dem Sirup aufkochen, durch ein feines Sieb streichen und auskühlen lassen. Die Baisers mit der Sauce beträufelt servieren.

SABLÉS

Für ca. 50 Stück

Zubereitungszeit: 15 Minuten
Kühlzeit: 1 Stunde
Backzeit: 10 Minuten
Schwierigkeitsgrad: leicht

Zutaten

250 g weiche Butter
125 g Zucker
10 g Vanillezucker
1 Prise Salz
2 EL Milch
350 g Mehl + etwas für die Arbeitsfläche
1 Ei
3 EL gemahlene Haselnüsse
1 EL getrocknete Blütenmischung

1 // Die Butter mit dem Handrührgerät schaumig schlagen. Nach und nach den Zucker, den Vanillezucker, das Salz und die Milch unterrühren. Anschließend das Mehl dazusieben und alles zu einem glatten Teig verarbeiten. Den Teig auf einer bemehlten Arbeitsfläche zu zwei Rollen von 4 cm Durchmesser formen. Die Teigrollen in Folie gewickelt 1 Stunde in den Kühlschrank legen oder 20 Minuten tiefkühlen.

2 // Den Backofen auf 200 °C Ober-/Unterhitze vorheizen.

3 // Das Ei trennen. Das Eiweiß leicht verquirlen, die Teigrollen damit einpinseln und in den gemahlenen Haselnüssen wälzen. Mit einem scharfen Messer in ca. 5 mm dicke Scheiben schneiden und auf ein mit Backpapier ausgelegtes Backblech legen. Das Eigelb ebenfalls leicht verquirlen, die Plätzchen damit einpinseln und mit den getrockneten Blüten bestreuen. Die Sables im vorgeheizten Backofen 10 Minuten backen.

Schokoriegel MIT PISTAZIEN und Keksen

Für ca. 16 Stück

Zubereitungszeit: 20 Minuten
Kühlzeit: mindestens 2 Stunden
Schwierigkeitsgrad: mittel

Zutaten
100 g weiße Kuvertüre
100 g Zartbitterkuvertüre
150 g Kekse, z.B. Butterkekse
200 g Butter
30 g Kakaopulver
350 g Puderzucker
1 Ei
2 EL Vanillezucker
100 g Pistazienkerne

Außerdem
1 Form (ca. 22 × 22 cm)

1 // Beide Kuvertüren hacken und die Kekse grob zerbröseln. Die Butter mit dem Kakaopulver und der Zartbitterkuvertüre unter Rühren in einem heißen Topf schmelzen lassen. Von der Hitze nehmen, den Puderzucker, das Ei und den Vanillezucker einrühren und abkühlen lassen.

2 // Die weiße Kuvertüre, die Kekse und die Pistazien untermengen und in eine mit Frischhaltefolie ausgelegte Form (ca. 22 × 22 cm) füllen. Glatt streichen und mindestens 2 Stunden kalt stellen.

3 // Aus der Form stürzen, die Folie abziehen und in Scheiben geschnitten servieren.

Weihnachtsbrötchen MIT TROCKENFRÜCHTEN und Gewürzen

Für ca. 20 Stück

Zubereitungszeit: 45 Minuten
Gehzeit: 1 Stunde
Backzeit: 25 Minuten
Schwierigkeitsgrad: mittel

Teig
ca. 175 ml lauwarme Milch
50 g Zucker
½ Würfel frische Hefe (21 g)
500 g Mehl + etwas für die Arbeitsfläche
50 g flüssige Butter
2 Eigelb
1 Ei

Außerdem
100 g Rosinen
4 cl Rum
75 g Butter
6–7 EL Zimtzucker
1 Msp. gemahlene Gewürznelken

1 // Die Milch mit 1 EL Zucker und der zerbröckelten Hefe glatt rühren. Das Mehl, die Butter, den übrigen Zucker, das Eigelb und das Ei in eine Schüssel geben, die Hefemilch dazugießen und alles mit den Knethaken des Handrührgeräts zu einem glatten Teig verkneten. Zugedeckt an einem warmen Ort ca. 45 Minuten gehen lassen, bis der Teig sein Volumen etwa verdoppelt hat.

2 // Die Rosinen mit dem Rum leicht erwärmen und ziehen lassen. 40 g Butter schmelzen, die Rum-Rosinen, 4 EL Zimtzucker und die Gewürznelken untermischen.

3 // Den Teig auf einer leicht bemehlten Arbeitsfläche durchkneten und zu einem Rechteck (ca. 20 × 30 cm) ausrollen. Die Rosinenmischung auf dem Teig verteilen, von der Längsseite her aufrollen und leicht andrücken. In ca. 1,5 cm breite Scheiben schneiden. Diese auf ein mit Backpapier ausgelegtes Backblech legen und zugedeckt nochmal ca. 15 Minuten gehen lassen.

4 // Den Ofen auf 200 °C Ober-/Unterhitze vorheizen.

5 // Die übrige Butter schmelzen lassen und auf die Brötchen pinseln. Mit dem restlichen Zimtzucker bestreuen und im Ofen ca. 25 Minuten goldbraun backen. Aus dem Ofen und vom Blech nehmen und auskühlen lassen.

NOUGAT-schnitten

Für ca. 35 Stück

Zubereitungszeit: 25 Minuten
Ruhezeit: 12 Stunden
Schwierigkeitsgrad: schwer

Zutaten
200 g Zucker
100 g Glukosesirup
150 g Honig
2 Eiweiß
100 g Nussnougat
75 g Nüsse, z.B. Pistazienkerne, Pekannüsse
50 g Kekse, z.B. Butterkekse
75 g Milchschokolade

Außerdem
1 Form (20 × 30 cm)

1 // Den Zucker mit der Glukose, 120 ml Wasser und dem Honig unter Rühren erhitzen, bis sich der Zucker gelöst hat (nicht kochen lassen). Dann zügig unter Rühren auf 140 °C (Zuckerthermometer) erhitzen.

2 // Eine rechteckige Form (ca. 20 × 30 cm) mit Backpapier auslegen.

3 // Die Eiweiße steif schlagen. Nach und nach den heißen Zuckersirup zugießen, dann ca. 15 Minuten weiterschlagen, bis die cremige Masse abgekühlt ist. Den Nougat schmelzen lassen und mit den Nüssen, den zerbröselten Keksen und der gehackten Schokolade unter die Masse ziehen. In die Form füllen, gleichmäßig glatt streichen und über Nacht fest werden lassen. In Stücke schneiden.

Knusprige PINIENKERN-Makronen

Für ca. 45 Stück

Zubereitungszeit: 15 Minuten
Backzeit: 35 Minuten
Schwierigkeitsgrad: leicht

Zutaten
120 g Pinienkerne
120 g Mandelstifte
3 Eiweiß
1 EL Zitronensaft
150 g Puderzucker
2 EL Vanillezucker
1 Msp. unbehandelter Zitronenabrieb

1 // Die Pinienkerne und die Mandeln in einer heißen Pfanne ohne Fett goldbraun rösten. Aus der Pfanne nehmen und auskühlen lassen.

2 // Den Ofen auf 120 °C Ober-/Unterhitze vorheizen. Ein oder zwei Backbleche mit Backpapier auslegen.

3 // Die Eiweiße mit dem Zitronensaft steif schlagen. Den Puderzucker dazusieben, den Vanillezucker einstreuen und erneut steif schlagen. Die Pinienkerne, die Mandeln und den Zitronenabrieb unterziehen und kleine Häufchen der Masse (am besten mit einem Teelöffel) auf das Blech setzen.

4 // Im Ofen ca. 35 Minuten knusprig backen. Die Makronen sollten möglichst hell bleiben, evtl. einen Kochlöffelstiel in der Backofentür einklemmen, damit sie einen Spalt geöffnet bleibt. Aus dem Ofen nehmen und auf dem Blech auskühlen lassen.

KARAMELLCOOKIES
mit Schokoladengitter

Für ca. 35 Stück

Zubereitungszeit: 1 Stunde 30 Minuten
Kühlzeit: 1 Stunde
Back- und Garzeit: 1 Stunde 10 Minuten
Schwierigkeitsgrad: mittel

Teig
200 g Mehl + etwas für die Arbeitsfläche
100 g gemahlene geschälte Mandeln
100 g Zucker
1 Prise Salz
1 Ei
200 g kalte Butter

Füllung
20 g Butter
125 g Zucker
1 Prise Salz
100 ml Sahne
125 ml Milch

Garnitur
300 g dunkle Kuvertüre
2 EL Rum

Außerdem
1 gewellter runder Ausstecher

1 // Das Mehl mit den Mandeln, dem Zucker und dem Salz mischen, auf eine Arbeitsfläche häufeln, in die Mitte eine Mulde drücken, das Ei hineinschlagen und die Butter in Flöckchen darum verteilen. Alles rasch zu einem glatten Teig verkneten, zu einer Kugel formen und in Frischhaltefolie gewickelt für mindestens 1 Stunde in den Kühlschrank legen.

2 // Währenddessen für die Füllung die Butter in einer beschichten hohen Pfanne oder einem Topf schmelzen. Den Zucker und das Salz hinzufügen und kurz karamellisieren lassen. Die Sahne und die Milch ergänzen und unter Rühren das Karamell lösen. Bei mittlerer Temperatur ca. 45 Minuten einköcheln lassen, bis eine dicke Creme entstanden ist. Dabei mindestens alle 5 Minuten umrühren. Dann vom Herd nehmen, abdecken und kühl stellen.

3 // Den Backofen auf 180 °C Ober-/Unterhitze vorheizen. Den Teig auf bemehlter Arbeitsfläche noch einmal durchkneten, ca. 4 mm dünn ausrollen und mit einem gewellten runden Förmchen Plätzchen ausstechen. Die Plätzchen auf ein mit Backpapier belegtes Backblech legen.

4 // Die Backbleche in den vorgeheizten Ofen schieben und die Plätzchen ca. 10 Minuten backen. Danach vom Blech nehmen und abkühlen lassen.

5 // Die Kuvertüre mit dem Rum über einem heißen Wasserbad schmelzen. Die Plätzchen mit der Schokolade gitterartig überziehen und diese fest werden lassen.

6 // Von den trocknen Plätzchen je eines auf der Unterseite mit der Karamellcreme bestreichen und ein zweites darauflegen. Andrücken und fest werden lassen.

Tuille-Kekse MIT SCHOKOLADE und Nüssen

Für ca. 20 Stück

Zubereitungszeit: 15 Minuten
Backzeit: 10 Minuten
Schwierigkeitsgrad: leicht

Zutaten
90 g weiche Butter
3 Eiweiß
1 EL Milch
90 g Mehl
120 g Zucker
200 g Zartbitterkuvertüre
100 g gehackte geschälte Haselnüsse

1 // Den Backofen auf 180 °C Ober-/Unterhitze vorheizen und ein Backblech mit Backpapier auslegen.

2 // Die Butter mit den Eiweißen, der Milch, dem Mehl und dem Zucker glatt verrühren.

3 // Jeweils 2 TL Teig zu 8–10 cm großen Kreisen dünn auf das Blech streichen, dabei etwas Abstand zwischen den Teigkreisen lassen, da die Masse beim Backen leicht auseinander läuft. In den heißen Ofen schieben (mittlere Schiene) und 3–5 Minuten goldbraun backen. Den restlichen Teig ebenso verarbeiten. Die fertig gebackenen Hippen sofort zu Röllchen formen und auf einem Gitter vollständig auskühlen lassen.

4 // Die Schokolade hacken und schmelzen. Ein Ende der Tuillles in die Schokolade tauchen, abtropfen lassen, mit Nüssen bestreuen und auf Alufolie zum Trocknen ablegen.

Cookies mit weißer SCHOKOLADE UND Macadamianüssen

Für ca. 25 Stück

Zubereitungszeit: 15 Minuten
Backzeit: 15 Minuten
Schwierigkeitsgrad: mittel

Zutaten
120 g weiche Butter
75 g Zucker
50 g brauner Zucker
2 Eier
1 Prise Salz
175 g Mehl
75 g weiße Schokotröpfchen
75 g gehackte Macadamianüsse

1 // Den Backofen auf 180 °C Ober-/Unterhitze vorheizen. Das Backblech mit Backpapier auslegen.

2 // Die Butter mit dem Zucker und dem braunen Zucker schaumig rühren. Nach und nach die Eier mit dem Salz unterschlagen. Das Mehl unterrühren. Die Schokotropfen und die Nüsse untermengen.

3 // Mit Hilfe eines Teelöffels kleine Teig-Häufchen auf das Backblech setzen und dabei genügend Abstand lassen. Im Ofen 10–15 Minuten goldbraun backen. Aus dem Ofen nehmen, auf dem Backblech etwa 5 Minuten abkühlen lassen, dann auf einem Kuchengitter vollständig auskühlen lassen.

Orangettes

Für 4 Personen

Zubereitungszeit: 1 Stunde
Ruhezeit: einige Tage
Schwierigkeitsgrad: schwer

Zutaten
250 g unbehandelte Orangenschale
50 g Traubenzucker
200 g Zucker
125 g Zartbitterkuvertüre

1 // Die Orangenschale waschen, trocken tupfen und in ca. 1 cm breite Streifen schneiden. Die Orangenschalenstreifen in einen Topf geben, mit Wasser bedecken, 10 Minuten kochen lassen, herausnehmen und gut abtropfen lassen. Den Kochsud mit dem Traubenzucker und dem Zucker verrühren.

2 // Das Zuckerwasser dann auf 110 °C (Zuckerthermometer) erhitzen und über die Orangenschalenstreifen gießen. Den Sirup nach 24 Stunden abgießen, erneut auf 110 °C erhitzen und wieder über die Orangenschalenstreifen gießen. Diesen Vorgang noch mindestens viermal wiederholen.

3 // Die Orangenschalenstreifen anschließend abgießen, abtropfen lassen, auf Folie ausbreiten und mindestens 24 Stunden trocknen lassen.

4 // Die Kuvertüre schmelzen, temperieren und die Orangenstäbchen etwa zur Hälfte eintauchen. Auf Alufolie zum Trocknen ablegen.

Stollen und LEBKUCHEN

Stollen-
KONFEKT

Für ca. 60 Stück

Zubereitungszeit: 50 Minuten
Ruhezeit: 1 Stunde
Backzeit: 35 Minuten
Schwierigkeitsgrad: mittel

Zutaten
75 g Rosinen
75 g Sultaninen
50 ml Rum
40 g Zitronat
40 g Orangeat
100 g gemahlene Mandeln
einige Tropfen Bittermandelaroma
2 EL Vanillezucker
1 Msp. Macis
1 Msp. gemahlene Nelken
Abrieb und Saft von ½ unbehandelten Zitrone
250 g Mehl + etwas für die Arbeitsfläche
½ Würfel frische Hefe (21 g)
50 g Zucker
ca. 60 ml lauwarme Milch
200 g weiche Butter
1 Prise Salz
Puderzucker zum Bestäuben

Außerdem
1 kleines Backblech (20 × 30 cm)

1 // Die Rosinen und Sultaninen im Rum einweichen. Das Zitronat und das Orangeat fein hacken. Zusammen mit der Rosinenmischung, den Mandeln, dem Bittermandelaroma, dem Vanillezucker, dem Macis, den Nelken sowie dem Zitronensaft und -abrieb gut vermengen. Das Mehl in eine Schüssel geben und in der Mitte eine Mulde formen. Die Hefe hineinbröckeln, mit dem Zucker und der Milch verrühren und abgedeckt ca. 30 Minuten gehen lassen.

2 // Anschließend 150 g Butter in Stücken, das Salz und die Rosinenmischung dazugeben und zu einem geschmeidigen Teig verkneten. Auf bemehlter Arbeitsfläche zu einem Rechteck ausrollen und auf ein mit Backpapier belegtes kleines Backblech legen (ca. 20 × 30 cm). Gleichmäßig bis zu den Rändern flachdrücken. Abgedeckt nochmals etwa 30 Minuten gehen lassen.

3 // Den Ofen auf 200 °C Ober-/Unterhitze vorheizen. Den Stollenteig im Ofen 30–35 Minuten goldbraun backen. Anschließend aus dem Ofen nehmen und mit der restlichen Butter bestreichen. Auskühlen lassen, dick mit Puderzucker bestäuben und in Würfel schneiden.

Christstollen-
MUFFINS

Für ca. 12 Stück

Zubereitungszeit: 40 Minuten
Ruhezeit: 1 Stunde 30 Minuten
Backzeit: 20 Minuten
Schwierigkeitsgrad: leicht

Zutaten
400 g Mehl + etwas für die Arbeitsfläche
½ Würfel Hefe (21 g)
1 TL Vanillezucker
150 ml lauwarme Milch oder Mandelmilch
Abrieb und Saft von 1 unbehandelten Orange
50 g Rosinen
225 g Margarine
50 g Zucker
50 g Mandelstifte
Puderzucker zum Bestäuben

Außerdem
1 Muffinblech

1 // Das Mehl in eine Schüssel sieben und eine Mulde eindrücken. Die Hefe hineinbröckeln, mit dem Vanillezucker und 2–3 EL lauwarmer Milch oder Mandelmilch verrühren. Abgedeckt ca. 15 Minuten ruhen lassen.

2 // In der Zwischenzeit die Orange heiß waschen, abtrocknen, die Schale fein abreiben und den Saft auspressen. Die Rosinen im Orangensaft einweichen. 175 g Margarine bei kleiner Hitze schmelzen und wieder etwas abkühlen lassen.

3 // Die übrige Milch mit dem Orangenabrieb, dem Zucker und der flüssigen Margarine zum Vorteig geben. Die Rosinen samt Orangensaft und die Mandeln ergänzen und alles zu einem glatten Teig verkneten, der sich vom Schüsselrand löst. Falls nötig, noch Milch oder Mehl dazugeben. Abgedeckt nochmals ca. 1 Stunde ruhen lassen.

4 // Den Teig auf bemehlter Fläche zu einer Rolle formen und in 12 gleich große Stücke schneiden. Zu Kugeln formen und in ein Muffinblech mit 12 Papierförmchen setzen. Nochmals ca. 15 Minuten ruhen lassen.

5 // Den Backofen auf 175 °C Ober-/Unterhitze vorheizen. Die Muffins im Ofen ca. 20 Minuten backen. Anschließend etwas abkühlen lassen. Die übrige Margarine schmelzen lassen und die lauwarmen Muffins damit bestreichen. Mit Puderzucker bestäuben und auskühlen lassen.

Stollen-STRIEZEL

Für ca. 25 Stück

Zubereitungszeit: 25 Minuten
Ruhezeit: 14 Stunden
Backzeit: 1 Stunde
Schwierigkeitsgrad: leicht

Fruchtfüllung
100 g Rosinen
40 g gehackte Belegkirschen
50 g fein gehacktes Zitronat
50 g fein gehacktes Orangeat
5 cl Rum
ca. 8 Tropfen Bittermandelöl
Mark von 1 Vanilleschote
1 TL unbehandelter Zitronenabrieb
1 TL unbehandelter Orangenabrieb

Teig
1 Würfel Hefe (42 g)
50 g Zucker
100 ml lauwarme Milch
300 g Mehl, Type 550
200 g Mehl, Type 405
50 g Marzipanrohmasse
2 Eier
250 g weiche Butter + etwas für die Form
1 Prise Salz
1 Msp. Kardamompulver
1 Msp. Pimentpulver
1 Msp. Muskatpulver
1 Msp. Zimt

Außerdem
100 g flüssige Butter
Zucker zum Bestreuen
Puderzucker zum Bestäuben

1 // Am Vortag die Zutaten für die Fruchtfüllung gut vermengen. Mit Folie zugedeckt an einem warmen Ort über Nacht ziehen lassen.

2 // Am nächsten Tag für den Teig die zerbröckelte Hefe mit dem Zucker in der Milch auflösen. 200 g gemischtes Mehl hinzufügen und mit den Knethaken des elektrischen Handrührgeräts zu einem glatten Teig kneten. Diesen Vorteig mit Mehl bestäuben und zugedeckt an einem warmen Ort gehen lassen, bis die Oberfläche des Teiges Risse zeigt. Den Vorteig dann mit dem restlichen Mehl, dem klein geschnittenen Marzipan, den Eiern, der weichen Butter und den Gewürzen vermischen und gründlich zu einem glatten Teig verkneten. Dann die eingeweichten Früchte unterkneten. Den Teig mit Mehl bestäuben und zugedeckt 1 Stunde gehen lassen.

3 // Den Backofen auf 180 °C Ober-/Unterhitze vorheizen und die Formen buttern. Den Teig halbieren, in die Formen legen und ca. 15 Minuten gehen lassen. Im Ofen ca. 60 Minuten backen. Die Stollen nach 10 Minuten mit ca. 50 g flüssiger Butter einpinseln und mit etwas Zucker bestreuen. Die fertigen Stollen mit der restlichen flüssigen Butter bestreichen und abkühlen lassen. Aus der Form stürzen, vollständig auskühlen lassen und zum Servieren mit Puderzucker bestäuben.

Kleine Quarkstollen
MIT HASELNÜSSEN

Für 3–4 Stollen

Zubereitungszeit: 40 Minuten
Backzeit: 45 Minuten
Schwierigkeitsgrad: leicht

Zutaten
150 g Haselnusskerne
50 g Orangeat
50 g Zitronat
50 g getrocknete Kirschen
50 g Rosinen
4 cl Rum
200 g Quark
400 g Mehl
1 TL Backpulver
100 g Zucker
Abrieb von 1 unbehandelten Orange
200 g weiche Butter
Puderzucker zum Bestäuben

1 // Die Haselnüsse in einer heißen Pfanne rösten. Anschließend auf ein Küchentuch geben und die Schale abreiben. Grob hacken.

2 // Das Orangeat, das Zitronat, die Kirschen und die Rosinen hacken und mit dem Rum vermengt ziehen lassen. Den Quark in einem Sieb abtropfen lassen.

3 // Den Ofen auf 180 °C Ober-/Unterhitze vorheizen. Das Mehl mit dem Backpulver vermischen und auf die Arbeitsfläche häufeln. In der Mitte eine Mulde formen und den Zucker, den Orangenabrieb, den gut abgetropften Quark und 150 g Butter hineingeben. Grob hacken und alle Zutaten zügig zu einem geschmeidigen Teig verkneten. Die Früchte und die Haselnüsse untermengen und den Teig zu 3–4 kleinen Stollen formen. Auf ein mit Backpapier belegtes Backblech legen (evtl. mit einem mehrfach gefalteten Streifen Alufolie umlegen, so dass der Stollen nicht auseinanderläuft) und im Ofen ca. 45 Minuten backen. Wird der Stollen zu dunkel, mit Alufolie abdecken.

4 // Die Stollen aus dem Ofen nehmen, die restliche Butter schmelzen und die Stollen damit bestreichen. Dick mit Puderzucker bestäuben und auskühlen lassen.

Lebkuchen-
HAUS

Für 1 Lebkuchenhaus

Zubereitungszeit: 1 Stunde 20 Minuten
Kühlzeit: 12 Stunden
Backzeit: 20 Minuten
Schwierigkeitsgrad: schwer

Teig
250 g Honig
250 g brauner Zucker
100 g Butter
600 g Mehl
1 TL Lebkuchengewürz
1 EL Kakaopulver
1 EL Pottasche
1 Ei

Garnitur
2 Eiweiß
400 g Puderzucker
silberne Zuckerperlen
Fruchtgummistangen

1 // Für die Lebkuchen am Vortag den Honig, den Zucker und die Butter unter Rühren erhitzen, bis sich der Zucker gelöst hat, zur Seite stellen und abkühlen lassen. Das Mehl mit dem Lebkuchengewürz und dem Kakao mischen, die Pottasche in 2 EL Wasser auflösen und dazugeben. Das Ei verquirlen, mit der Honigmasse zum Mehl geben und alles gut verkneten. Den Teig in Frischhaltefolie einschlagen und über Nacht kühl stellen.

2 // Den Backofen auf 200 °C Ober-/Unterhitze vorheizen. Zwei Backbleche mit Backpapier auslegen. Den Teig halbieren und jeweils auf Blechgröße (ca. 6–8 mm dick) ausrollen. Im Ofen 15–20 Minuten backen.

3 // In der Zwischenzeit aus einem festen Karton Schablonen für die Häuschenvorder- und -rückseite, die Seiten und das Dach ausschneiden. Auf den fertig gebackenen Lebkuchenteig sofort alle Hausteile auflegen und ausschneiden (der Teig muss hierfür unbedingt noch heiß sein; kalt bricht er beim Schneiden!), dabei Fenster und Tür nicht vergessen. Die ausgeschnittenen Lebkuchenteile auf einem Kuchengitter gut auskühlen lassen.

4 // In der Zwischenzeit den Guss bzw. Kleber herstellen. Hierfür die Eiweiße steif schlagen, unter weiterem Schlagen den Puderzucker einrieseln lassen und zu einem spritzfähigen Guss aufschlagen. Die Tür und Fenster mit Zuckerguss umranden (hierzu etwas Guss in eine kleine Spritztüte füllen).

5 // Die Hausseiten mit Guss zusammenkleben und die Kanten mit dem Guss verzieren. Die Dachgiebel ebenfalls mit etwas Guss bespritzen (mit einer größeren Spritztüte) und alles nach Belieben mit silbernen Zuckerperlen und Fruchtgummistangen mit Hilfe des Gusses bekleben. Anschließend gut trocknen lassen.

LEBKUCHEN-männer

Für ca. 25 Stück

Zubereitungszeit: 1 Stunde
Kühlzeit: 12 Stunden
Backzeit: 15 Minuten
Schwierigkeitsgrad: leicht

Zutaten

125 g flüssiger Honig
60 g Zucker
50 g Butter
250 g Mehl + etwas für die Arbeitsfläche
2 TL Ingwerpulver
2 TL Zimt
½ TL Anispulver
½ TL Nelkenpulver
1 Prise Salz
¼ TL Pottasche
¼ TL Hirschhornsalz
75 g Puderzucker

1 // Den Honig, den Zucker und die Butter erhitzen, bis sich der Zucker aufgelöst hat, dann abkühlen lassen. Das Mehl und die Gewürze in einer Schüssel vermischen. Die Pottasche und das Hirschhornsalz in 1 EL Wasser auflösen und mit den restlichen Zutaten zu einem Lebkuchenteig verkneten. In Folie wickeln und über Nacht im Kühlschrank ruhen lassen.

2 // Den Backofen auf 180 °C Ober-/Unterhitze vorheizen. Den Teig auf leicht bemehlter Arbeitsfläche ca. 4 mm dünn ausrollen und Lebkuchenfiguren ausstechen oder mit einem spitzen Messer ausschneiden, auf mit Backpapier ausgelegte Backbleche legen und im heißen Backofen nacheinander je ca. 15 Minuten goldbraun backen, herausnehmen und auf einem Kuchengitter abkühlen lassen.

3 // Den Puderzucker mit so viel Wasser glatt rühren, dass ein cremiger Guss entsteht. Diesen in einen kleinen Gefrierbeutel füllen, eine Ecke schmal abschneiden, so dass ein kleines Loch entsteht, und dann die Lebkuchenfiguren hübsch verzieren. Den Guss trocknen lassen.

Verzierte LEBKUCHEN

Für ca. 30 Stück

Zubereitungszeit: 45 Minuten
Kühlzeit: 3 Stunden
Schwierigkeitsgrad: leicht

Zutaten
130 g flüssiger Honig
70 g brauner Zucker
50 g Butter
200 g Mehl + etwas für die Arbeitsfläche
50 g gemahlene Mandeln
1 ½ TL Backpulver
2 TL Kakaopulver
1 TL Lebkuchengewürz
1 Prise Salz
1 Eigelb
5 EL Kondensmilch
Zuckerschrift, weiß und lila

Außerdem
Ausstecher, z.B. Teekannen und Cupcakes

1 // Den Honig mit dem Zucker und der Butter in einem Topf erhitzen, bis sich der Zucker aufgelöst hat. Dann vom Herd nehmen und lauwarm abkühlen lassen.

2 // Währenddessen das Mehl mit den Mandeln, dem Backpulver, dem Kakao, dem Lebkuchengewürz und dem Salz in einer großen Schüssel mischen. Die Honigmischung und das Eigelb dazugeben und mit den Knethacken des Handrührgeräts verkneten, so dass ein glatter Teig entsteht. Abdecken und ca. 3 Stunden in den Kühlschrank stellen.

3 // Den Backofen auf 175 °C Ober-/Unterhitze vorheizen. Ein Backblech mit Backpapier belegen. Den Teig auf bemehlter Fläche ca. ½ cm dick ausrollen. Daraus z.B. Teekannen und Cupcakes ausstechen und auf das Backblech legen. Mit der Kondensmilch dünn bepinseln. Im Ofen ca. 12 Minuten backen. Danach vom Blech nehmen und auskühlen lassen.

4 // Anschließend mit Zuckerschrift verzieren und trocknen lassen.

Lebkuchenplätzchen MIT BUNTEM Zuckerguss

Für ca. 25 Stück

Zubereitungszeit: 1 Stunde 20 Minuten
Kühlzeit: 12 Stunden
Backzeit: 20 Minuten
Schwierigkeitsgrad: leicht

Zutaten
150 g Butter
250 g Honig
250 g brauner Zucker
100 g gemahlene geschälte Mandeln
ca. 450 g Mehl + etwas für die Arbeitsfläche
1 TL Zimt
2 TL Lebkuchengewürz
1 TL unbehandelter Zitronenabrieb
1 Ei
1 TL Pottasche
2 EL Rum

Garnitur
200 g Puderzucker
3–4 EL Zitronensaft
blaue Lebensmittelfarbe

Außerdem
Ausstecher, z.B. Schneeflocken oder Sterne

1 // Am Vortag die Butter in Stücken mit dem Honig und dem Zucker in einen Topf geben und unter Rühren erhitzen, bis sich der Zucker aufgelöst hat. In eine große Rührschüssel geben und abkühlen lassen. Anschließend die Mandeln, 400 g Mehl, alle Gewürze und das Ei zugeben und mit dem Handrührgerät (Knethaken) gründlich durchkneten (evtl. noch etwas Mehl zugeben). Die Pottasche in einem kleinen Schälchen mit dem Rum glatt rühren. Zum Teig geben und nun so lange weiterkneten, bis der Teig glänzt und nicht mehr klebt.

2 // Die Schüssel mit einer Frischhaltefolie abdecken und über Nacht im Kühlschrank ruhen lassen.

3 // Am nächsten Tag den Backofen auf 200 °C Ober-/Unterhitze vorheizen. Ein Backblech mit Backpapier auslegen. Den Teig auf einer bemehlten Fläche ausrollen und z.B. Schneeflocken oder Sterne ausschneiden oder ausstechen. Die Lebkuchenplätzchen auf das Backblech legen, 15–20 Minuten backen und anschließend vorsichtig vom Backblech lösen. Auf einem Kuchengitter abkühlen lassen.

4 // Zum Verzieren den Puderzucker mit so viel Zitronensaft glatt rühren, dass ein dickflüssiger Guss entsteht. Den Guss in 2 Schälchen aufteilen und den Guss eines Schälchens mit blauer Lebensmittelfarbe hellblau einfärben. Auf die Kekssterne und die Schneeflocken weiße und hellblaue Muster bzw. Ornamente aufspritzen und trocknen lassen.

Lebkuchen MIT FEIGEN UND Apfelringen

Für ca. 30 Stück

Zubereitungszeit: 50 Minuten
Kühlzeit: 30 Minuten
Backzeit: 20 Minuten
Schwierigkeitsgrad: mittel

Teig
150 g Zucker
150 g Zuckerrübensirup
50 g Butter
1 Prise Salz
1 Msp. gemahlene Gewürznelken
1 Msp. geriebene Muskatnuss
1 Msp. gemahlener Piment
50 g getrocknete Feigen
50 g getrocknete Apfelringe
500 g Mehl + etwas für die Arbeitsfläche
½ TL Natron
1 Ei
1 TL Backpulver

Garnitur
ca. 200 g Puderzucker
1 EL Zitronensaft
30 weiße Schokosterne, ca. 2 cm groß

1 // Den Zucker mit dem Sirup und der Butter bei schwacher Hitze zerlassen, bis kurz vor den Siedepunkt erhitzen und anschließend abkühlen lassen. Das Salz und die Gewürze unter das Zuckergemisch rühren. Die Trockenfrüchte sehr fein hacken und zugeben. Das Mehl, das Natron, das Ei und das Backpulver mit der Zuckermasse verkneten. Der Teig soll nicht mehr an den Händen kleben; ggf. noch wenig Mehl unterkneten. Den Teig in Folie wickeln und 30 Minuten im Kühlschrank ruhen lassen.

2 // Den Backofen auf 200 °C Ober-/Unterhitze vorheizen und das Backblech mit Backpapier auslegen.

3 // Den Teig auf einer bemehlten Arbeitsfläche 5–6 mm dick ausrollen und rechteckige Lebkuchen ausschneiden (ca. 5 × 10 cm). Diese mit etwas Abstand auf das Backblech legen, mit Wasser bepinseln und auf mittlerer Schiene im Backofen 15–20 Minuten backen. Herausnehmen und auf einem Kuchengitter auskühlen lassen.

4 // Für die Dekoration den Puderzucker mit dem Zitronensaft und wenig Wasser zu einem dickflüssigen Guss verrühren. Den Guss in einen kleinen Spritzbeutel füllen (ggf. aus Pergament eine Spitztüte drehen) und die Lebkuchen mit einer Linie aus Puderzuckerglasur verzieren. Auf einer Ecke je einen Schokostern aufkleben. Den Guss gut trocknen lassen.

Selbstgemachte DOMINOSTEINE

Für ca. 50 Stück

Zubereitungszeit: 1 Stunde
Backzeit: 25 Minuten
Schwierigkeitsgrad: mittel

Zutaten
350 g Mehl
250 g brauner Zucker
10 g Lebkuchengewürz
1 TL Backpulver
1 Prise Salz
200 g Butter
200 g Honig
2 Eier
200 g Johannisbeergelee
300 g Marzipan-Rohmasse
75 g Puderzucker + etwas für die Arbeitsfläche
1 EL Rum
300 g Zartbitterkuvertüre
20 g Kokosfett

1 // Den Backofen auf 200 °C Ober-/Unterhitze vorheizen.

2 // Das Mehl, den Zucker, das Lebkuchengewürz, das Backpulver und das Salz mischen. Die Butter und den Honig erwärmen, bis die Butter geschmolzen ist. Unter Rühren zur Mehlmischung geben und zu einem glatten Teig verarbeiten. Die Eier einzeln darunterrühren.

3 // Den Teig auf ein mit Backpapier ausgelegtes Kuchenblech auf einer Fläche von 35 × 30 cm verteilen und glattstreichen. Vor dem Teigrand das Backpapier mehrfach knicken, damit der Teig beim Backen nicht zerläuft, und im vorgeheizten Backofen 20–25 Minuten backen (Stäbchenprobe). Die Lebkuchen herausnehmen, auskühlen lassen und dann dünn mit dem Johannisbeergelee bestreichen.

4 // Die Marzipan-Rohmasse grob zerkleinern und mit Puderzucker und Rum verkneten. Das Marzipan auf einer mit Puderzucker bestreuten Arbeitsfläche ausrollen.Die Marzipanplatte auf den Lebkuchen legen und alles in gleichmäßige Würfel schneiden.

5 // Die Kuvertüre grob hacken und zusammen mit dem Kokosfett in einer Schüssel über einem warmen Wasserbad schmelzen. Die Lebkuchenwürfel mit Hilfe einer Pralinengabel in die Kuvertüre tauchen. Die Dominosteine auf Backpapier abtropfen und trocknen lassen.

Lebkuchen-SMOOTHIE

1 Drink

Zubereitungszeit: 10 Minuten
Schwierigkeitsgrad: leicht

Zutaten
½ Banane
1 Lebkuchen ohne Glasur (z.B. nach dem Rezept von Seite 123)
ca. 200 ml Milch
1–2 EL Zuckerrübensirup
1 TL Kakaopulver
½ TL Lebkuchengewürz

❶ // Die Banane schälen, in Scheiben schneiden und in den Mixer geben. Den Lebkuchen, falls nötig, von der Oblate befreien und zur Banane krümeln. Die Milch, den Rübensirup, den Kakao und das Lebkuchengewürz dazugeben und alles zu einem cremigen Smoothie mixen.

❷ // Nach Bedarf noch etwas Milch dazugeben und z.B. in eine kleine Flasche füllen und mit Lebkuchen servieren.

Weihnachtliche KUCHEN UND KÜCHLEIN

Vegane Schokoladen-
MARZIPAN-CUPCAKES

Für 9 Cupcakes

Zubereitungszeit: 20 Minuten
Backzeit: 25 Minuten
Schwierigkeitsgrad: leicht

Teig
300 g Mehl
15 g Backpulver
1 unbehandelte Orange
150 g Marzipan-Rohmasse
125 g Rohrzucker
125 ml Sonnenblumenöl
250 ml ungesüßter Sojadrink

Frosting
120 g weiche Pflanzenmargarine
60 g ungesüßtes Kakaopulver
200 g Puderzucker
Zuckersterne nach Belieben

Außerdem
1 Muffinbackblech
Papierförmchen

1 // Den Backofen auf 200 °C Ober-/Unterhitze vorheizen.

2 // Das Mehl und das Backpulver vermischen. Die Orange heiß abwaschen, die Schale abreiben und den Saft auspressen. Die Marzipan-Rohmasse mit einer Küchenreibe grob raspeln. Alle Teigzutaten in eine Rührschüssel geben und mit dem Handrührgerät zu einem glatten Teig verarbeiten. Den Teig in die Papierförmchen füllen und im vorgeheizten Backofen ca. 25 Minuten backen. Danach auf einem Kuchengitter auskühlen lassen.

3 // Für das Frosting die Pflanzenmargarine in eine Rührschüssel geben. Das Kakaopulver und den Puderzucker darübersieben und alles mit dem Handrührgerät auf mittlerer Stufe zu einer geschmeidigen Creme verarbeiten. Die Schokoladencreme in einen Spritzbeutel füllen und die Cupcakes mit Cremerosetten verzieren. Nach Belieben mit Zuckersternen garnieren.

Weihnachtliche ORANGENCUPCAKES

Für ca. 12 Stück

Zubereitungszeit: 35 Minuten
Backzeit: 25 Minuten
Schwierigkeitsgrad: schwer

Ornamente
1 Eiweiß
ca. 100 g Puderzucker

Teig
175 g Butter
150 g Zucker
4 Eier
Abrieb von ½ unbehandelten Orange
175 g Mehl
1 EL Kakaopulver
40 g gemahlene geschälte Mandeln
½ TL Backpulver
3–4 EL Milch

Topping
200 ml Sahne
1 Packung Sahnesteif (für 200 ml Sahne)
1 Orange

Außerdem
1 Muffinbackblech
Papierförmchen

1 // Für die Ornamente das Eiweiß mit so viel Puderzucker verrühren, bis ein spritzfähiger Guss entsteht, der Stand hat. Einen Gefrierbeutel damit befüllen und eine kleine Spitze vom Beutel abscheiden. Auf ein Stück Backpapier weihnachtliche Ornamente aufspritzen und trocknen lassen.

2 // Den Ofen auf 200 °C Ober-/Unterhitze vorheizen. Die Mulden eines Cupcake- oder Muffinbackblechs mit Papierförmchen auslegen.

3 // Für den Teig die Butter mit dem Zucker schaumig schlagen. Die Eier mit dem Orangenabrieb verquirlen und zusammen mit dem Mehl, dem Kakaopulver, den Mandeln und dem Backpulver unter die Masse mengen. Mit der Milch gut verrühren und in die Förmchen füllen. Im Ofen ca. 25 Minuten backen. Aus dem Ofen nehmen und auskühlen lassen.

4 // Für das Topping die Sahne mit dem Sahnesteif aufschlagen. Die Orange mit einem Messer bis auf das Fruchtfleisch schälen und die Orangenfilets zwischen den Trennhäutchen herausschneiden. Die Zuckerornamente vorsichtig vom Backpapier lösen. Die Sahne auf die Cupcakes dressieren und mit den Orangenfilets und den Zuckerornamenten verzieren.

Mini-
LINZERTORTEN

Für 6 Tartelletteförmchen à ca. 10 cm

Zubereitungszeit: 20 Minuten
Kühlzeit: 1 Stunde
Backzeit: 30 Minuten
Schwierigkeitsgrad: leicht

Teig
200 g Mehl
100 g Zucker
1 Ei
1 Prise Salz
100 g gemahlene Mandeln
1 EL Kirschwasser
½ TL Zimt
200 g kalte Butter

Belag
200 g Johannisbeergelee

Außerdem
6 Tarteletteförmchen

1 // Für den Mürbeteigboden das Mehl auf eine Arbeitsfläche sieben und in die Mitte des Mehls eine Mulde drücken. Den Zucker einstreuen. Das Ei, das Salz, die Mandeln, das Kirschwasser und den Zimt in die Mulde geben. Die Butter in Stückchen schneiden und um die Mulde verteilen. Alle Zutaten mit einem großen Messer oder einer Teigkarte kräftig durchhacken und anschließend mit den Händen rasch zu einem glatten Teig verkneten. Den Teig in Folie gewickelt etwa 1 Stunde im Kühlschrank ruhen lassen.

2 // Den Backofen auf 180 °C Ober-/Unterhitze vorheizen. Den Mürbeteig ca. 1 cm dick ausrollen. Sechs Kreise in der Größe der Tarteletteförmchen sowie Sterne oder Herzen zur Dekoration ausstechen oder ausschneiden. Die Förmchen mit dem Teig auslegen, großzügig mit dem Johannisbeergelee füllen und mit den ausgestochenen Teigstücken dekorieren. Die Linzer Törtchen im Backofen 25–30 Minuten backen.

SAFRAN-
Orangenküchlein

Für ca. 15 Stück

Zubereitungszeit: 50 Minuten
Ruhezeit: 1 Stunde
Backzeit: 20 Minuten
Schwierigkeitsgrad: leicht

Teig
500 g Mehl + etwas für die Arbeitsfläche
1 Würfel Hefe (42 g)
ca. 200 ml lauwarme Milch
100 g Zucker
100 g Butter
1 Msp. gemahlener Safran
2 Eier

Füllung
1 unbehandelte Orange
150 g weiche Butter
250 g Marzipanrohmasse

Außerdem
1 Ei
1–2 EL Sahne
ca. 40 g Mandelblättchen
Puderzucker zum Bestäuben
1 Muffinblech (optional)
Papierförmchen

1 // Das Mehl in eine Schüssel sieben und in die Mitte eine Mulde drücken. Die Hefe hineinbröckeln und mit etwas lauwarmer Milch, 1 EL Zucker und ein wenig Mehl vom Rand verrühren. Den Vorteig an einem warmen Ort zugedeckt ca. 15 Minuten gehen lassen.

2 // Anschließend die Butter mit der restlichen Milch und dem Safran leicht erwärmen und in der Schüssel mit dem restlichen Zucker, dem Mehl, den Eiern und mit dem Vorteig zu einem geschmeidigen Teig verarbeiten. Den Teig kräftig schlagen, bis er glatt ist und sich vom Schüsselrand löst. Zugedeckt weitere ca. 30 Minuten gehen lassen, bis sich sein Volumen annähernd verdoppelt hat.

3 // Für die Füllung die Orange heiß waschen und trocken tupfen. Die Schale abreiben und ein wenig Saft auspressen. Den Abrieb mit 2–3 EL Saft, der Butter und dem Marzipan verrühren.

4 // Den Teig auf einer bemehlten Arbeitsfläche erneut kurz durchkneten, halbieren und jede Portion zu einem ca. 1 cm dicken Rechteck ausrollen. Die Creme daraufstreichen und den Teig einrollen. Die Rollen in jeweils 4–5 cm dicke Scheiben schneiden und diese in Papierförmchen legen. Weitere ca. 15 Minuten gehen lassen.

5 // Den Ofen auf 200 °C Ober-/Unterhitze vorheizen. Das Ei mit der Sahne verquirlen und die Küchlein damit bepinseln. Mit den Mandeln bestreuen, die Papierförmchen auf ein Backblech (oder in ein Muffinblech) stellen und im Ofen ca. 20 Minuten goldbraun backen. Aus dem Ofen und vom Blech nehmen und auskühlen lassen. Mit Puderzucker bestäubt servieren.

Vegane
PUNSCH-PIES

Für ca. 16 Stück

Zubereitungszeit: 35 Minuten
Kühlzeit: 30 Minuten
Backzeit: 35 Minuten
Schwierigkeitsgrad: mittel

Teig
250 g Mehl + etwas für die Arbeitsfläche
75 g Rohrohrzucker
1 Prise Salz
130 g kalte Pflanzenmargarine

Füllung
150 g vegane Kirschmarmelade
100 ml trockener Rotwein
Abrieb von ½ unbehandelten Orange
½ TL Zimt

1 // Für den Teig das Mehl mit dem Zucker und dem Salz mischen, auf eine Arbeitsplatte häufeln und die Margarine in kleinen Stücken darauf verteilen. Mit den Händen zu Bröseln zerreiben, 40 ml Wasser hinzufügen und rasch zu einem glatten Teig verarbeiten. Zu einer Kugel formen und in Frischhaltefolie gewickelt für ca. 30 Minuten in den Kühlschrank stellen.

2 // In der Zwischenzeit die Marmelade in einem Topf mit dem Rotwein, dem Orangenabrieb und dem Zimt verrühren und unter häufigem Rühren dicklich einkochen. Danach auf Zimmertemperatur abkühlen lassen.

3 // Den Backofen auf 180 °C Ober-/Unterhitze vorheizen. Den Teig auf einer bemehlten Fläche ca. 5 mm dick ausrollen und ca. 32 Kreise ausstechen. Die Hälfte der Kreise in der Mitte mit einem kleinen Loch versehen. Die Punschfüllung in der Mitte jedes Kreises ohne Loch verteilen und dabei einen Rand frei lassen. Die Ränder mit etwas Wasser bepinseln und die gelochten Kreise auflegen. Die Ränder aneinanderdrücken, z.B. mit den Zinken einer Gabel. Auf ein Backblech mit Backpapier setzen und im Ofen 15–20 Minuten goldbraun backen. Vor dem Servieren auskühlen lassen.

Schokoladen-BROWNIES mit Preiselbeeren

Für 15 Stücke bzw. für 1 kleines Backblech mit ca. 20 x 30 cm

Zubereitungszeit: 20 Minuten
Backzeit: 20 Minuten
Schwierigkeitsgrad: leicht

Zutaten
300 g Zartbitterschokolade
160 g Butter
4 Eier
150 g Zucker
10 g Vanillezucker
1 Prise Salz
½ TL Lebkuchengewürz
150 g Wild-Preiselbeeren (Glas)
150 g Weizenmehl
100 g Speisestärke
Puderzucker zum Bestäuben

1 // Den Backofen auf 200 °C Ober-/Unterhitze vorheizen.

2 // Die Schokolade in Stücke brechen. Die Butter schmelzen, die Schokolade dazugeben und bei schwacher Hitze unter Rühren auflösen.

3 // Die Eier mit dem Zucker, dem Vanillezucker, dem Salz und dem Lebkuchengewürz schaumig rühren. Die Schokoladen-Buttermischung und die Preiselbeeren unterrühren. Das Mehl und die Speisestärke mischen, auf die Teigmischung sieben und zügig unterrühren. Den Teig auf ein mit Backpapier ausgelegtes Kuchenblech streichen.

4 // Die Brownies im vorgeheizten Backofen ca. 20 Minuten backen. Das Gebäck aus dem Ofen nehmen und etwas abkühlen lassen. Die Brownies mit dem Puderzucker bestäuben und mit einem Messer in gleichmäßige Stücke schneiden.

DONUT-Sterne

Für ca. 12 Stück

Zubereitungszeit: 1 Stunde 25 Minuten
Ruhezeit: 1 Stunde
Schwierigkeitsgrad: mittel

Teig
½ Würfel frische Hefe (21 g)
125 ml lauwarme Milch
250 g Mehl + etwas für die Arbeitsfläche
40 g flüssige Butter
1 EL Kakaopulver
1 TL Zimt
1 Prise Salz
2 Eigelb
30 g Zucker
Pflanzenöl zum Frittieren

Topping
200 g Vollmilchkuvertüre
80 g gehackte Haselnüsse

Außerdem
Sternausstecher
runder Ausstecher

1 // Die Hefe zerbröckeln und in der Milch glatt rühren. Das Mehl mit der Butter, dem Kakao, dem Zimt, dem Salz, den Eigelben und dem Zucker in eine Schüssel geben, die Hefemilch zugießen und alles mit den Knethaken des elektrischen Handrührgeräts zu einem glatten Teig verkneten. Bei Bedarf noch etwas Mehl oder lauwarme Milch einarbeiten. Zugedeckt etwa 30 Minuten an einem warmen Ort gehen lassen.

2 // Den Teig auf einer bemehlten Arbeitsfläche noch einmal durchkneten und ca. 1 cm dick ausrollen. Mit einem Ausstecher 12 kleine Sterne ausstechen (ca. 7 cm Durchmesser). In der Mitte jeweils ein Loch ausstechen (ca. 2,5 cm Durchmesser). Abgedeckt weitere 30 Minuten ruhen lassen.

3 // Das Öl in einem großen Topf erhitzen. (Es ist heiß genug, wenn an einem hineingestellten hölzernen Kochlöffelstiel kleine Bläschen am Rand hochsteigen). Die Teigsterne nacheinander im heißen Fett 3–5 Minuten goldbraun ausbacken, dabei einmal wenden. Auf Küchenpapier abtropfen und erkalten lassen.

4 // Die Kuvertüre über einem heißen Wasserbad schmelzen. Die abgekühlten Donuts mit der Glasur überziehen und mit den Haselnüssen bestreuen.

Mini-Mince-
PIES MIT EIS

Für ca. 12 Stück

Zubereitungszeit: 40 Minuten
Ruhe- und Kühlzeit: 12 Stunden 30 Minuten
Backzeit: 25 Minuten
Schwierigkeitsgrad: schwer

Füllung
100 g Rosinen
100 g Sultaninen
100 g Korinthen
25 g Orangeat
25 g Zitronat
1 säuerlicher Apfel, z.B. Granny Smith
100 g Zucker
Abrieb und Saft von 1 unbehandelten Zitrone
½ TL Lebkuchengewürz
50 ml Brandy

Teig
250 g Mehl + etwas für die Arbeitsfläche
150 g flüssige Butter + Butter für die Formen
1 Ei
1 Prise Salz

Außerdem
runder Ausstecher
Puderzucker zum Bestäuben
500 ml Vanilleeis zum Servieren

1 // Die Rosinen, die Sultaninen, die Korinthen, das Orangeat und das Zitronat fein hacken. Den Apfel schälen, vierteln, das Kerngehäuse herausschneiden und die Viertel fein würfeln. Mit dem Zucker, dem Zitronenabrieb und -saft sowie dem Lebkuchengewürz und Brandy unter das Trockenobst mengen und zugedeckt, am besten über Nacht, ziehen lassen.

2 // Für den Mürbeteig alle Zutaten rasch miteinander verkneten, nach Bedarf wenig Wasser ergänzen, zu einer Kugel formen, in Frischhaltefolie wickeln und etwa 30 Minuten kalt stellen.

3 // Den Ofen auf 200 °C Ober-/Unterhitze vorheizen. Den Mürbeteig auf wenig Mehl 3–4 mm dünn ausrollen, rund ausstechen und 12 gebutterte, kleine Förmchen (z.B. Mini-Tartelettes oder Florentinerförmchen) damit auskleiden. Die Füllung darauf verteilen. Ggf. restliche Füllung in einem Marmeladenglas fest verschließen und im Kühlschrank für weitere Pies lagern.

4 // Aus dem restlichen Mürbeteig Kreise im Durchmesser der Formen ausstechen und die Füllung damit abdecken. Im Ofen ca. 25 Minuten backen. Abkühlen lassen, aus den Formen heben, vollständig auskühlen lassen und mit Puderzucker bestäuben. Das Vanilleeis als Mini-Kugeln aufsetzen und sofort servieren.

Mini-Napfkuchen MIT ERDBEEREN und Honig

Für 4 Stück

Zubereitungszeit: 20 Minuten
Backzeit: 25 Minuten
Schwierigkeitsgrad: leicht

Zutaten
125 g Butter + Butter für die Formen
Semmelbrösel für die Formen
125 g Zucker
3 Eier
50 g Mehl
50 g Vollkornmehl
50 g gemahlene ungeschälte Mandeln
50 g Speisestärke
1 TL Backpulver
150 g Erdbeeren
Puderzucker zum Bestäuben
4 EL flüssiger Honig

Außerdem
4 Mini-Napfkuchenformen

1 // Den Backofen auf 200 °C Ober-/Unterhitze vorheizen. Die Mini-Napfkuchenförmchen buttern und mit Semmelbröseln ausstreuen. Überschüssige Semmelbrösel abklopfen.

2 // Die Butter cremig schlagen. Abwechselnd den Zucker und die Eier unterrühren. Beide Mehle mit den Mandeln, der Stärke und dem Backpulver vermengen und unter die Crememasse rühren. Den Teig in die Formen füllen und im Ofen ca. 25 Minuten backen (Stäbchenprobe). Aus dem Ofen nehmen, leicht abkühlen lassen, vorsichtig aus den Förmchen stürzen und auf einem Kuchengitter vollständig auskühlen lassen.

3 // Die Erdbeeren waschen, putzen und in Scheiben schneiden. Die Napfkuchen auf Tellern anrichten, die Erdbeeren darauf verteilen, mit Puderzucker bestäuben und mit dem Honig beträufeln.

Mini-KASTENKUCHEN

Für 4 Kuchen

Zubereitungszeit: 40 Minuten
Backzeit: 30 Minuten
Schwierigkeitsgrad: leicht

Zutaten

125 g weiche Butter + etwas für die Förmchen
100 g Mehl + etwas für die Förmchen
100 g Zucker
1 EL Vanillezucker
2–3 Eier
50 g Speisestärke
1 TL Backpulver
1 Prise Salz
3–4 EL Milch
ca. 100 g Puderzucker
ca. 2 EL Zitronensaft
silberne Zuckerperlen

Außerdem

Förmchen für Mini-Kastenkuchen

1 // Den Backofen auf 180 °C Ober-/Unterhitze vorheizen. Die Mini-Kastenkuchenförmchen fetten und mit Mehl ausstreuen.

2 // Die Butter mit dem Zucker und dem Vanillezucker verrühren. Nach und nach die Eier unterquirlen. Das Mehl mit der Stärke, dem Backpulver und dem Salz mischen und mit der Milch unterrühren, bis ein glatter Teig entstanden ist. Den Teig in die Förmchen füllen, glatt streichen und im Ofen auf mittlerer Schiene ca. 30 Minuten backen (Stäbchenprobe). Nach ca. 10 Minuten längs mit einem scharfen Messer einritzen. Anschließend aus dem Ofen nehmen, etwas in der Form ruhen lassen, dann aus der Form stürzen und auf einem Kuchengitter abkühlen lassen.

3 // Den Puderzucker mit dem Zitronensaft glatt rühren und die Mini-Kuchen damit bestreichen. Mit Silberperlen bestreuen und den Guss fest werden lassen. Dazu passt eine heiße Milch mit Zimt, Sternanis und Honig.

Mini-Panettone MIT WALNÜSSEN und Puderzucker

Für 6 Mini-Panettone

Zubereitungszeit: 45 Minuten
Ruhezeit: 1 Stunde 30 Minuten
Backzeit: 30 Minuten
Schwierigkeitsgrad: schwer

Zutaten

½ Würfel frische Hefe (21 g)
ca. 160 ml Milch
400 g Mehl
100 g gemahlene Walnüsse
1 Prise Salz
175 g Zucker
4 Eigelb
200 g weiche Butter
100 g Sultaninen
4 cl Cognac
100 g getrocknete Aprikosen
80 g gehackte Walnüsse
1 Eiweiß
Puderzucker zum Bestäuben

Außerdem

6–8 kleine Backförmchen, 8–10 cm Durchmesser, 8 cm hoch

1 // Die Hefe zerbröckeln und in lauwarmer Milch auflösen. Das Mehl, die Walnüsse, das Salz und den Zucker einrühren. Die Eigelbe und die Butter in Stücken dazugeben und alles zu einem geschmeidigen Teig verkneten. Abgedeckt an einem warmen Ort ca. 45 Minuten auf etwa das doppelte Volumen aufgehen lassen.

2 // Währenddessen die Sultaninen mit dem Cognac in eine Schüssel geben. Die Aprikosen hacken und untermischen. Die Backförmchen mit Backpapier auslegen, dabei den Rand leicht überstehen lassen.

3 // Die Früchte und die gehackten Walnüsse unter den Hefeteig kneten und nochmals ca. 30 Minuten gehen lassen. Dann den Teig in Stücke teilen, zu Kugeln formen und diese in die Formen geben. Weitere ca. 15 Minuten gehen lassen.

4 // Den Ofen auf 180 °C Ober-/Unterhitze vorheizen. Den Teig mit dem Eiweiß bepinseln. Im Ofen ca. 30 Minuten goldbraun backen (Stäbchenprobe). In den Förmchen auskühlen lassen. Aus den Formen nehmen und mit Puderzucker bestäubt servieren.

Kumquat-PANFORTE

Für 1 Springform mit 26 cm Durchmesser

Zubereitungszeit: 25 Minuten
Gar- und Backzeit: 42 Minuten
Schwierigkeitsgrad: mittel

Zutaten
200 g Kumquats
200 ml Süßwein, z.B. Vin Santo
200 g Zucker
200 g getrocknete Feigen
170 g Honig
70 g Mehl
2 EL Kakao
300 g geschälte Haselnusskerne
2 EL Puderzucker
½ TL Zimt

1 // Die Kumquats heiß abbrausen, trocken tupfen, in Scheiben schneiden und die Kerne entfernen. Mit dem Süßwein vermischen und 30 Minuten ziehen lassen.

2 // Den Ofen auf 180 °C Ober-/Unterhitze vorheizen. Die Springform mit Backpapier auslegen.

3 // Die Kumquats mit dem Zucker in eine Pfanne geben und bei niedriger Hitze unter Rühren 10–12 Minuten einköcheln lassen.

4 // Die Feigen fein hacken und mit dem Honig, dem Mehl und dem Kakaopulver mischen. Die Kumquat-Masse und die Haselnüsse unterrühren. Den Teig in die Kuchenform einfüllen und glatt streichen. Im Ofen ca. 30 Minuten backen. Nach dem Backen 5 Minuten auskühlen lassen, aus der Form lösen und vollständig abkühlen lassen.

5 // Den Puderzucker und den Zimt vermischen und den Kuchen zum Servieren damit bestäuben.

Weihnachtlicher Mohn-
STRUDEL MIT ORANGENKRUSTE

Für 1 Strudel

Zubereitungszeit: 30 Minuten
Ruhezeit: 1 Stunde
Backzeit: 45 Minuten
Schwierigkeitsgrad: mittel

Teig
500 g Mehl
30 g Hefe
60 g Zucker
200 ml lauwarme Milch
4 Eigelb
1 Prise Salz
120 g zerlassene Butter

Füllung
¼ l Milch
100 g Zucker
1 EL Honig
250 g gemahlener Mohn
2 TL unbehandelter Zitronenabrieb
1 Msp. Zimt
1 EL Rum
50 g Sultaninen
3 EL Semmelbrösel

Glasur
200 g Puderzucker
4 EL Orangensaft
50 g Orangeat

1 // Für den Hefeteig das Mehl in eine Schüssel sieben und eine Mulde hineindrücken. Die zerbröckelte Hefe mit 1 EL Zucker und 5 EL Milch in die Mulde geben und zu einem Vorteig verrühren. Leicht mit Mehl bestäuben und zugedeckt an einem warmen Ort ca. 15 Minuten gehen lassen. Dann den restlichen Zucker, die Eigelbe, das Salz, die Butter und die restliche Milch hinzufügen und alles zu einem glatten Teig verarbeiten. Mit einem Tuch bedeckt erneut 20–30 Minuten gehen lassen.

2 // Für die Füllung die Milch mit dem Zucker und dem Honig aufkochen, den Mohn hinzufügen und dicklich einkochen. Dann die Zitronenschale, den Zimt, den Rum, die Sultaninen und die Semmelbrösel unterrühren.

3 // Den Hefeteig auf einer bemehlten Arbeitsfläche ca. 1 cm dick ausrollen, mit der Füllung bestreichen und zusammenrollen. Den Strudel auf ein mit Backpapier ausgelegtes Backblech legen und zugedeckt weitere 15 Minuten gehen lassen. Den Backofen auf 180 °C Ober-/Unterhitze vorheizen und den Mohnstrudel ca. 45 Minuten backen.

4 // Für die Glasur den Puderzucker mit dem Orangensaft verrühren. Den noch warmen Strudel damit einpinseln und mit dem Orangeat bestreuen.

Kastenkuchen MIT LEBKUCHENGEWÜRZ und Schokoladenglasur

Für 1 Kastenform mit 25 cm

Zubereitungszeit: 25 Minuten
Backzeit: 1 Stunde 20 Minuten
Schwierigkeitsgrad: leicht

Teig

Fett und Semmelbrösel für die Form
150 g Zartbitterschokolade
300 g Mehl
3–4 TL Backpulver
1 EL Kakao
1 TL Lebkuchengewürz
150 g Zucker
10 g Vanillezucker
1 Prise Salz
250 g weiche Butter
5 Eier
3 EL Milch

Glasur

200 g Zartbitterkuvertüre
1 TL unbehandelter Zitronenabrieb

❶ // Den Backofen auf 180 °C Ober-/Unterhitze vorheizen. Die Kastenform fetten und mit Semmelbröseln ausstreuen.

❷ // Die Zartbitterschokolade für den Teig im heißen Wasserbad langsam schmelzen. Das Mehl mit dem Backpulver, dem Kakao und dem Lebkuchengewürz in eine Rührschüssel sieben. Den Zucker, den Vanillezucker, das Salz, die Butter, die Eier und die Milch hinzufügen und alles mit einem Handrührgerät kurz auf niedrigster, dann auf höchster Stufe zu einem glatten Teig verarbeiten. Den Teig in die Kastenform füllen und glatt streichen.

❸ // Den Kuchen im vorgeheizten Backofen 70–80 Minuten backen. Den Kuchen in der Form kurz abkühlen lassen, auf ein Kuchengitter stürzen und auskühlen lassen.

❹ // Für die Glasur die Zartbitterkuvertüre im heißen Wasserbad vorsichtig schmelzen, den Kuchen damit überziehen und mit der Zitronenschale bestreuen.

Weihnachtliche
HEIDELBEER-PIE

Für 1 Tarteform mit ca. 26 cm Durchmesser bzw. für 12 Stücke

Zubereitungszeit: 50 Minuten
Kühlzeit: 1 Stunde
Backzeit: 50 Minuten
Schwierigkeitsgrad: leicht

Zutaten
200 g Mehl + etwas für die Arbeitsfläche
100 g Puderzucker + etwas zum Bestäuben
100 g gemahlene Haselnüsse
¼ TL gemahlene Nelken
½ TL gemahlener Zimt
½ TL unbehandelter Zitronenabrieb
200 g Butter + etwas für die Form
1 Ei
1 EL Zitronensaft
500 g Heidelbeeren (TK)
250 g schwarze Johannisbeermarmelade
2 EL Vanillepuddingpulver
2–3 EL Kondensmilch

Außerdem
Sternausstecher

1 // Für den Teig das Mehl mit dem Puderzucker, den Nüssen, den Gewürzen und dem Zitronenabrieb mischen, dann auf die Arbeitsfläche häufeln. In die Mitte eine Mulde drücken, die Butter in Stückchen darum verteilen, das Ei hineinschlagen und den Zitronensaft ergänzen. Alles mit einem Messer oder einer Teigkarte gut durchhacken und rasch zu einem glatten Teig verkneten. In Frischhaltefolie wickeln und für 1 Stunde kalt stellen.

2 // Den Ofen auf 180 °C Ober-/Unterhitze vorheizen. Die Form ausbuttern. Etwa die Hälfte des Teiges auf der bemehlten Arbeitsfläche etwas größer als die Form ausrollen, in die Springform drücken und dabei einen Rand formen. Die gefrorenen Heidelbeeren mit der Konfitüre und dem Vanillepuddingpulver mischen und auf dem Teigboden verteilen.

3 // Den restlichen Teig in Kuchengröße ausrollen. Einige Sterne ausstechen und zur Seite legen. Die Teigplatte auf den Kuchen legen und die Ränder gut andrücken. Den Teig mit Kondensmilch bestreichen und die ausgestochenen Sterne darauflegen, leicht andrücken. Im vorgeheizten Backofen ca. 50 Minuten goldbraun backen. Herausnehmen und auskühlen lassen. Aus der Form lösen und mit Puderzucker bestäubt servieren.

Tipp: Für 4 Personen kann man eine kleine Kuchenform (18–20 cm Durchmesser) verwenden. Dann von allen Zutaten nur die Hälfte verwenden und statt dem Ei nur ein Eigelb nehmen.

Bratapfel-
KUCHEN

Für 1 Backform mit ca. 25 x 25 cm

Zubereitungszeit: 45 Minuten
Backzeit: 1 Stunde
Schwierigkeitsgrad: mittel

Äpfel
9 kleinere Äpfel
150 g gehackte Haselnüsse
1 TL Zimt
60 g Honig
4 EL Rum
60 g weiche Butter + etwas für die Form

Teig
250 g weiche Butter
150 g Zucker
2 EL Vanillezucker
4 Eier
200 g Mehl
200 g gemahlene Haselnüsse
3 TL Backpulver
1 TL Zimt
1 Msp Nelken, gemahlen
1 Prise Salz
Puderzucker zum Bestäuben

1 // Den Backofen auf 180 °C Ober-/Unterhitze vorheizen. Die Äpfel waschen, einen Deckel abschneiden und das Kerngehäuse z.B. mit einem Kugelausstecher entfernen. Die Nüsse mit dem Zimt, dem Honig, dem Rum und der Butter verkneten, in die Äpfel füllen und in eine gefettete Auflaufform setzen. Im Ofen ca. 20 Minuten backen, aus dem Ofen nehmen und auskühlen lassen.

2 // Die Backform (ca. 25 × 25 cm) mit Backpapier auskleiden. Die Butter mit dem Rührgerät schaumig schlagen, bis sie Spitzen zieht. Nach und nach den Zucker sowie den Vanillezucker unter Rühren zugeben und sorgfältig verrühren. Die Eier aufschlagen und nacheinander unterrühren. Alles sehr schaumig rühren (ca. 5 Minuten lang).

3 // Das Mehl mit den Nüssen, dem Backpulver und den Gewürzen vermischen. Die Mehlmischung in 2–3 Portionen unter die Buttermasse rühren und mit den Knethaken des Rührgeräts rasch unterrühren (zu langes Rühren macht den Teig zäh). In die Backform füllen und glatt streichen. Die Bratäpfel darauf verteilen und in den Teig drücken, so dass nur noch der Deckel sichtbar ist. Im vorgeheizten Ofen ca. 40 Minuten backen (Stäbchenprobe). Danach abkühlen lassen, mithilfe des Backpapiers aus der Form heben und lauwarm oder ausgekühlt mit Puderzucker bestäubt servieren.

LINZER KUCHEN
mit Nussfüllung

Für 1 hohes Backblech mit ca. 30 x 40 cm

Zubereitungszeit: 1 Stunde
Kühlzeit: 1 Stunde
Backzeit: 50 Minuten
Schwierigkeitsgrad: mittel

Teig
250 g weiche Butter
300 g Zuckerrübensirup
2 Eier
1 TL Zimt
½ TL gemahlene Nelken
2 EL Kirschwasser
450 g Weizenmehl + etwas für die Arbeitsfläche
250 g gemahlene geschälte Mandeln

Nussfüllung
300 g gemahlene Haselnüsse
80 g Zucker
1 Eiweiß
ca. 6 EL Milch

Belag
500 g Himbeermarmelade
2 Eigelb
2–3 EL Milch

1 // Die Butter mit dem Zuckerrübensirup schaumig rühren. Die Eier, die Gewürze und das Kirschwasser zugeben. Das Mehl und die gemahlenen Mandeln mischen, unter die Buttermischung rühren und alles zu einem homogenen Teig verkneten. Zu einer Kugel formen und zugedeckt für ca. 1 Stunde in den Kühlschrank stellen.

2 // Den Backofen auf 180 °C Ober-/Unterhitze vorheizen. Ein hohes Backblech mit Backpapier auslegen.

3 // Für die Nussfüllung die Haselnüsse mit dem Zucker, dem Eiweiß und der Milch zu einer streichfähigen Paste verrühren.

4 // Den Teig dritteln und einen Teil rechteckig in Größe des Blechs auf bemehlter Fläche ausrollen. In das Blech legen, andrücken und einen kleinen Rand formen. Die Nussfüllung daraufstreichen. Ein zweites Teigdrittel in der gleich Größe ausrollen und auf die Nussfüllung legen, leicht andrücken. Vollständig mit der Marmelade bestreichen. Den übrigen Teig ausrollen und mit einem Teigrädchen in ca. 2 cm breite Streifen schneiden. Damit rund um den Kuchen einen Rand auflegen und diesen mit einer Gabel gut andrücken. Die übrigen Teigstreifen gitterartig auf dem Kuchen auslegen.

5 // Die Eigelbe mit der Milch verrühren und die Teigstreifen damit bestreichen. In die Mitte des vorgeheizten Backofens schieben und ca. 50 Minuten backen. Danach auskühlen lassen und am besten mindestens 1 Tag durchziehen lassen.

GEWÜRZKUCHEN
mit Preiselbeeren

Für 1 Backform mit ca. 35 x 25 cm bzw. für 15 Stücke

Zubereitungszeit: 50 Minuten
Backzeit: 40 Minuten
Schwierigkeitsgrad: leicht

Zutaten
250 g Butter + etwas für das Blech
300 g Mehl + etwas für das Blech
1 Prise Salz
200 g Zucker
5 Eier
2 TL Backpulver
1 TL Zimt
1 TL gemahlener Ingwer
½ gemahlene TL Nelken
1 TL gemahlener Kardamom
175 g gemahlene Mandeln
2–3 EL Kakaopulver
ca. 150 ml Milch

Guss
250 g Preiselbeeren (TK)
200 g Frischkäse
100 g weiche Butter
2 EL Sahne
ca. 200 g Puderzucker

1 // Den Backofen auf 180 °C Ober-/Unterhitze vorheizen. Das Backblech mit Butter ausstreichen und mit Mehl bestäuben.

2 // Die Butter mit dem Salz und dem Zucker cremig rühren. Nach und nach die Eier unterrühren und weiß-cremig schlagen. Anschließend das mit dem Backpulver und den Gewürzen vermischte Mehl, die Mandeln und den Kakao abwechselnd mit der Milch zügig unterrühren. Es sollte ein geschmeidiger, streichfähiger Teig entstehen. Diesen auf das Blech geben und glatt streichen. Im Ofen 35–40 Minuten backen (Stäbchenprobe). Aus dem Ofen nehmen und vollständig auskühlen lassen.

3 // Die Preiselbeeren aus dem Gefrierfach nehmen. Für den Guss den Frischkäse mit der Butter, der Sahne und dem Puderzucker cremig rühren. Auf den Kuchen streichen, in Stücke schneiden und mit den leicht angetauten Preiselbeeren bestreut servieren.

Früchtestern mit
SCHOKOLADE UND NÜSSEN

Für 1 Sternbackform mit ca. 24 cm Durchmesser

Zubereitungszeit: 45 Minuten
Backzeit: 1 Stunde
Schwierigkeitsgrad: mittel

Zutaten
175 g weiche Butter + etwas für die Form
250 g Mehl + etwas für die Form
120 g Zucker
Abrieb von 1 unbehandelten Zitrone
4 Eier
1 TL Backpulver
1 TL gemahlenes Lebkuchengewürz
75 g gemahlene Haselnüsse
200 g getrocknete Früchte, z.B. Rosinen, Aprikosen, Datteln
100 g kandierte Früchte, z.B. Kirschen, Orangen
4 cl Sherry
75 g Schokodrops

Garnitur
1 Eiweiß
1 EL Zitronensaft
ca. 200 g Puderzucker
geröstete Mandelhälften
Trockenfrüchte, z.B. Sultaninen und Kumquats

1 // Den Ofen auf 180 °C Ober-/Unterhitze vorheizen. Die Springform buttern und mit Mehl bestreuen.

2 // Die Butter mit dem Zucker weiß-cremig rühren. Den Zitronenabrieb und nach und nach die Eier unterrühren. Das Mehl mit dem Backpulver, dem Lebkuchengewürz und den Haselnüssen mischen und ebenfalls unterrühren. Die getrockneten und kandierten Früchte hacken und mit dem Sherry und den Schokodrops unter den Teig ziehen. In die Form füllen und glatt streichen. Im Ofen ca. 1 Stunde backen (Stäbchenprobe). Aus dem Ofen nehmen und auskühlen lassen.

3 // Das Eiweiß mit dem Zitronensaft steif schlagen. Unter weiterem Schlagen den Puderzucker einrieseln lassen und zu einer cremigen Masse aufschlagen. Den Kuchen aus der Form lösen und mit dem Guss bestreichen. Mit Mandeln und Trockenfrüchten garnieren und trocknen lassen.

Orangenkuchen MIT FRISCHEN FEIGEN UND Zuckerguss

Für 1 runde Kuchenform mit ca. 20 cm Durchmesser

Zubereitungszeit: 35 Minuten
Backzeit: 35 Minuten
Schwierigkeitsgrad: leicht

Zutaten
300 g Mehl + etwas für die Arbeitsfläche
180 g weiche Butter + etwas für die Form
1 unbehandelte Orange
180 g Zucker
3 Eier
100 g Mehl
80 g gemahlene geschälte Mandeln
½ TL Zimt
2 TL Backpulver

Garnitur
100 g Puderzucker
2–3 TL Zitronensaft
Zuckerperlen
2 Feigen

1 // Den Backofen auf 180 °C Ober-/Unterhitze vorheizen. Die Kuchenform gründlich ausbuttern und mit Mehl ausstreuen.

2 // Die Orange heiß abwaschen, abtrocknen und die Schale fein abreiben. Den Saft auspressen. Die Butter mit dem Zucker in einer Rührschüssel mit dem Handrührgerät schaumig schlagen. Die Eier einzeln gründlich unterrühren. Den Orangenabrieb und den -saft ebenso unterrühren. Das Mehl mit den Mandeln, dem Zimt und dem Backpulver dazugeben und rasch unterrühren.

3 // Den Teig in die Springform füllen, glatt streichen und in den Ofen (zweite Schiene von unten) schieben. Etwa 35 Minuten backen (Stäbchenprobe). Danach etwas abkühlen lassen, aus der Form auf eine Kuchenplatte stürzen und auskühlen lassen.

4 // Den Puderzucker in eine Schale sieben und mit dem Zitronensaft nach und nach zu einem relativ flüssigen Guss verrühren. Diesen über den Kuchen träufeln, die Zuckerperlen darauf verteilen und fest werden lassen. Die Feigen waschen, trocken tupfen, in Spalten schneiden und zum Servieren auf dem Kuchen anrichten.

Himmlische KOKOSCREMETORTE

Für 1 Springform mit ca. 20 cm Durchmesser

Zubereitungszeit: 1 Stunde 30 Minuten
Kühlzeit: 4 Stunden 30 Minuten
Backzeit: 45 Minuten
Schwierigkeitsgrad: mittel

Mürbeteig

ca. 150 g Mehl + etwas für die Arbeitsfläche
100 g Butter
1 Eigelb
50 g Zucker
1 Prise Salz

Biskuitteig

4 Eier
80 g Zucker
2 EL Vanillezucker
1 Prise Salz
100 g Mehl
½ TL Backpulver
2 EL Speisestärke

Creme

6 Blatt Gelatine
200 g weiße Kuvertüre
400 ml Kokosmilch
400 ml Sahne

Außerdem

2 EL Johannisbeergelee
6 EL Kokoslikör oder Ananassaft
ca. 50 g Kokosraspel

1 // Für den Mürbeteig aus dem Mehl mit der Butter in Stücken, dem Eigelb, dem Zucker und dem Salz rasch einen glatten Mürbeteig kneten. In Frischhaltefolie gewickelt ca. 30 Minuten kalt stellen.

2 // Den Ofen auf 200 °C Ober-/Unterhitze vorheizen. Die Springform und ein Backblech mit Backpapier auslegen.

3 // Den Teig auf bemehlter Fläche 4–5 mm dünn auswellen, 2 Flügel zum Belegen und den Boden in Springformgröße ausschneiden. Die Flügel auf das Blech legen und den Boden in die Form. Den Boden mehrmals mit einer Gabel anstechen und beides im Ofen 10–15 Minuten goldbraun backen. Die Flügel vom Blech nehmen, den Boden vorsichtig aus der Form lösen und auf dem Papier auskühlen lassen.

4 // Den Boden der Springform abkühlen lassen und erneut mit Backpapier auslegen. Für den Biskuit die Eier trennen. Die Eigelbe mit dem Zucker und dem Vanillezucker schaumig rühren. Die Eiweiße mit dem Salz steif schlagen und unter die Eigelb-Zucker-Masse heben, das Mehl mit dem Backpulver und der Stärke darübersieben und ebenfalls vorsichtig unterheben. In die Springform füllen und im vorgeheizten Backofen etwa 30 Minuten backen (Stäbchenprobe). Kurz abkühlen lassen, aus der Form stürzen und auf einem Kuchengitter auskühlen lassen. Anschließend waagrecht in drei Böden teilen.

5 // Für die Creme die Gelatine in kaltem Wasser einweichen. Die Kuvertüre hacken und in eine Schüssel geben. Die Kokosmilch erhitzen, über die Kuvertüre gießen und diese unter Rühren schmelzen lassen. Die ausgedrückte Gelatine unterrühren und schmelzen lassen. Abkühlen lassen oder kalt schlagen. Die Sahne steif schlagen und unterziehen kurz bevor die Masse zu gelieren beginnt.

6 // Den Mürbeteig-Boden mit dem Gelee bestreichen (ggf. erwärmen) und den unteren Biskuit darauflegen. Mit dem Likör beträufeln und mit gut einem Viertel der Creme bestreichen. Mit dem mittleren Biskuit belegen, wieder beträufeln und mit Creme bestreichen. Den Tortendeckel auflegen, beträufeln und die Torte rundherum mit Creme einstreichen. Mit der restlichen Masse wolkig verzieren und mindestens 4 Stunden kalt stellen. Kurz vor dem Servieren die Engelsflügel auf die Torte legen und mit Kokosraspeln bestreuen.

Winterliche Cranberry-
TORTE MIT VANILLE-FROSTING UND ROSMARIN

Für 1 Springform mit 22 cm

Zubereitungszeit: 1 Stunde 15 Minuten
Backzeit: 35 Minuten
Schwierigkeitsgrad: mittel

Biskuitteig
4 Eier
100 g Zucker
1 EL Vanillezucker
1 EL abgeriebene Zitronenschale
2 TL fein gehackter frischer Rosmarin
100 g Mehl

Füllung
150 g Zucker
100 ml Orangensaft
200 g frische Cranberrys
1 Msp. Zimt
1 Msp. Kardamom

Frosting
250 ml Milch
1 Vanilleschote
2 Eigelb
50 g Zucker
30 g Speisestärke
250 g weiche Butter
100 g Puderzucker
2 EL Mandellikör

Dekoration
1 EL Eiweiß
150 g Cranberrys
1 EL feiner Zucker
frischer Rosmarin

1 // Den Backofen auf 180 °C Ober-/Unterhitze vorheizen. Die Springform am Boden mit Backpapier auslegen. Für den Teig die Eier trennen. Die Eiweiße mit dem Handrührgerät steif schlagen, dabei den Zucker und den Vanillezucker löffelweise einrieseln lassen. Die Eigelbe leicht verquirlen und zusammen mit der Zitronenschale und dem Rosmarin untermischen. Das Mehl darübersieben und locker unterheben. Den Teig in die Springform füllen, glattstreichen und im vorgeheizten Backofen 30–35 Minuten backen. Den fertigen Biskuitboden gut auskühlen lassen.

2 // Für die Füllung den Zucker mit dem Orangensaft in einen Topf geben und erwärmen, bis sich der Zucker aufgelöst hat. Die Cranberrys, den Zimt und den Kardamom untermischen und bei mittlerer Temperatur ca. 10 Minuten kochen lassen, bis die Beeren platzen. Von der Kochstelle nehmen und in einer Schüssel abkühlen lassen.

3 // Für das Frosting die Milch mit der aufgeschlitzten Vanilleschote aufkochen und ca. 5 Minuten ziehen lassen. Die Eigelbe, den Zucker und die Speisestärke glattrühren und die heiße Milch langsam unter ständigem Rühren mit dem Schneebesen zu der Eiermasse gießen. Einmal kurz aufkochen lassen, die Vanilleschote entfernen und die Vanillecreme unter gelegentlichem Umrühren auf Raumtemperatur abkühlen lassen. Die Butter mit dem Puderzucker schaumig rühren und die abgekühlte Creme löffelweise unterrühren. Den Biskuitboden waagerecht zweimal durchschneiden. Den untersten Boden mit dem Mandellikör beträufeln, dann mit dem Cranberrykompott und danach dünn mit der Buttercreme bestreichen. Den nächsten Boden vorsichtig daraufsetzen und so fortfahren, bis alle 3 Böden zusammengesetzt sind. Mit einer Palette oder einem langen Messer das restliche Vanillefrosting großzügig auf der Tortenoberfläche und auf den Rändern verteilen.

4 // Für die Beerendekoration das Eiweiß mit 1 EL Wasser vermischen und die Cranberrys damit befeuchten, im Zucker wälzen und die Torte damit belegen. Mit frischen Rosmarinzweigen dekorieren.

Möhren-
TORTE

Für 1 Springform mit 26 cm Durchmesser

Zubereitungszeit: 45 Minuten
Ruhezeit: 8 Stunden
Backzeit: 50 Minuten
Schwierigkeitsgrad: mittel

Zutaten
300 g Möhren
6 Eier
1 Msp. Salz
150 g Marzipanrohmasse
Abrieb und Saft von 1 unbehandelten Zitrone
100 g Zucker
100 g geröstete Kürbiskerne
150 g geschälte Mandelkerne
100 g Mehl
½ TL Backpulver

Garnitur
150 g Vollmilchkuvertüre
1 EL Kokosfett
Zesten von 1 unbehandelten Orange
1 EL Zucker

1 // Den Backofen auf 180 °C Ober-/Unterhitze vorheizen. Den Boden der Springform mit Backpapier auslegen.

2 // Die Möhren schälen, putzen und fein raspeln. Die Eier trennen. In einer Schüssel die Eigelbe mit dem Salz, dem zerbröckelten Marzipan, dem Zitronenabrieb und dem -saft cremig rühren. Die Eiweiße steif schlagen, dabei den Zucker einrieseln lassen und weiterschlagen, bis ein schnittfester Eischnee entstanden ist. Die Kürbiskerne mit den Mandelkernen fein mahlen, mit dem Mehl, dem Backpulver und den Möhrenraspeln vermischen. Mit einem Drittel des Eischnees unter die Eigelbcreme mengen und gut vermischen. Den übrigen Eischnee daraufgeben und vorsichtig unterheben.

3 // Den Teig in die Springform füllen, glatt streichen und im vorgeheizten Ofen etwa 50 Minuten backen (Stäbchenprobe). Aus dem Ofen nehmen und den Kuchen über Nacht auskühlen lassen.

4 // Für den Guss die Kuvertüre hacken und über einem heißen Wasserbad mit dem Kokosfett schmelzen lassen. Den Kuchen aus der Form lösen, mit dem Guss überziehen und trocknen lassen. Die Zesten mit dem Zucker vermengen, mittig auf den Kuchen setzen und servieren.

SCHOKOTARTE
mit Vanilleeis

Für 1 Tarteform mit 26 cm bzw. für 12 Stücke

Zubereitungszeit: 45 Minuten
Kühlzeit: 1 Stunde
Backzeit: 50 Minuten
Schwierigkeitsgrad: mittel

Mürbeteig
260 g Mehl
90 g Zucker
1 Ei
1 Prise Salz
1 EL Kakaopulver
1 EL saure Sahne
180 kalte Butter
getrocknete Hülsenfrüchte zum Blindbacken

Belag
150 g Zartbitterschokolade
1 TL Zimt
1 Msp. Nelken
1 Msp. Kardamom
100 g Löffelbiskuits
25 g Speisestärke
4 Eier
150 g weiche Butter
150 g brauner Zucker
2 TL Vanillezucker
2 EL Rum
1 EL Kakaopulver
Vanilleeis zum Servieren

1 // Für den Mürbeteigboden das Mehl auf eine Arbeitsfläche sieben und in die Mitte des Mehls eine Mulde drücken. Den Zucker einstreuen. Das Ei, das Salz, den Kakao und die saure Sahne in die Mulde geben. Die Butter in Stückchen schneiden und um die Mulde verteilen. Alle Zutaten mit einem großen Messer kräftig durchhacken und anschließend mit den Händen rasch zu einem glatten Teig verkneten. Den Teig in Folie gewickelt etwa 1 Stunde im Kühlschrank ruhen lassen.

2 // Den Backofen auf 180 °C Ober-/Unterhitze vorheizen. Zwei Drittel des Teiges auf einer bemehlten Arbeitsfläche in Größe der Backform ausrollen und die Form damit auslegen. Aus dem restlichen Teig eine Rolle formen, an den Rand der Backform legen und hochziehen. Den Teigboden mit einer Gabel mehrmals einstechen, mit Backpapier auslegen, mit getrockneten Hülsenfrüchten füllen und im vorgeheizten Backofen ca. 15 Minuten blindbacken.

3 // In der Zwischenzeit für den Belag die Zartbitterschokolade zerkleinern und im Wasserbad bei schwacher Hitze schmelzen. Den Zimt, die Nelken und den Kardamom unterrühren. Die Löffelbiskuits in einen Gefrierbeutel geben, gut verschließen und mit einem Teigroller zu feinen Bröseln zerkleinern. Die Brösel mit der Speisestärke vermischen.

4 // Die Eier trennen. Die Eiweiße steif schlagen. Die Butter mit dem Handrührgerät geschmeidig rühren. Nach und nach den Zucker und den Vanillezucker unter Rühren hinzufügen. Danach die Eigelbe einzeln unterrühren. Anschließend die flüssige Schokolade und den Rum dazugeben und verrühren. Zum Schluss den Eischnee und die Löffelbiskuitbrösel vorsichtig unterheben.

5 // Die Masse auf den vorgebackenen Mürbeteigboden füllen und den Kuchen im Backofen ca. 35 Minuten backen. Die Schokoladentarte ca. 15 Minuten in der Form auskühlen lassen, dann aus der Form nehmen und auf einem Kuchenrost erkalten lassen. Vor dem Servieren mit Kakaopulver bestäuben und mit Vanilleeis servieren.

Register

A

B

C

D

E

F

G

H

I

K

L

M

N

O

P

Q

R

S

T

V

W

Z